KB074822

군중심리

세계교양전집 20

군중심리

귀스타브 르 봉 지음

최유경 옮김

올리버

귀스타브 르 봉·Gustave Le Bon

• 차례 •

서문

이 책은 군중의 특성에 대한 설명이다.

유전이 한 인종의 개인들에게 부여하는 모든 공통된 특징은 그 인종의 특성을 구성한다. 그러나 이러한 개인들의 특정 숫자가 하나의 행동을 목적으로 모일 때는, '모였다'는 단순한 사실만으로도 어떤 새로운 심리적 특성이 인종적 특성에 추가된다. 그리고 이러한 심리적 특성은 그들의 인종적 특성과 상당한 차이를 보이기도 한다.

조직된 군중은 항상 사람들의 삶에서 중요한 역할을 해 왔다. 하지만 이런 역할이 오늘날만큼 중요한 적은 없었다. 군중의 무의식적 행위가 개인들의 의식적 행동을 대체하는 것은 현시대의 주요한 특징 중 하나이다.

나는 군중에게서 나타나는 어려운 문제를 의견과 이론, 교리 등에 영향받지 않고 순전히 체계적인 과학적 방법에 따라 검토하려고 노력했다. 특히 여기 이 책의 사례처럼 격렬한 논쟁의 대상이

되는 질문을 다룰 때, 나는 이렇게 하는 것이 그나마 조금이라도 진실을 발견할 수 있는 유일한 방식이라고 믿는다. 현상을 검증하는 데 몰두하는 과학자는 자신의 검증이 해칠 수 있는 이해관계를 걱정하지 말아야 한다. 저명한 사상가인 고블레 달비엘라는 최근 그의 저서에서 나에 대해 언급했다. 내가 어떤 학파에도 속하지 않으면서 때로는 모든 학파의 여러 결론에 반대하는 태도를 가진다는 말이었다. 나는 지금 이 책에서의 내 새로운 연구도 그와 비슷하게 보이기를 바란다. 어떤 학파에 속한다는 건 필연적으로 그 학파의 편견과 선입견을 옹호한다는 것이기 때문이다.

그래도 독자에게는 그가 왜 일견 내 연구들로부터는 나올 것 같지 않은 결론을 내가 도출하고 있다고 주장하는지 설명은 해야 할 것이다. 예를 들면, 나는 엘리트들의 집회를 포함하여 군중의 극심한 정신적 열등함을 주목하면서도 여전히 그들의 조직에 간섭하는 것은 위험하다고 확신한다. 바로 이런 이유에서이다.

역사적 사실들을 주의 깊게 관찰한 결과, 사회적 유기체는 모든 생명체만큼이나 복잡하므로 우리 힘으로 사회조직들이 갑작스럽게 광범위한 변형을 겪도록 강요하는 것은 현명하지 않았음을 항상 보여줬기 때문이다. 자연은 때때로 급진적 조치 때문에 바뀌기도 하지만 절대 우리가 원하는 방식으로 변하지는 않는다. 이 사실은 이러한 급진적 조치, 즉 개혁에 열광하는 사람들에게 개혁이 치명적인 이유를 알려준다. 개혁은 이론적으로는 탁월해 보일지 몰라도 위험성을 가지기 때문이다. 민족의 고유한 특성을 즉각적으로 바꿀 수 있을 때에만 그러한 개혁은 유용하다. 하지만 고유한 특성을 바꾸는 힘은 시간만이 가질 수 있다. 인간의 본질이라 할 수 있는 것들은 사상, 정서, 관습에 의해 지배받는다. 제도와 법은 우리 특성의 외적 발현이며 특성이 요구하는 것을 표현한다. 이는 우리 특성의 결과물이므로 역으로 제도와 법이 우리의 특성을 바꿀 수는 없다.

사회현상에 대한 연구는 그 현상을 존재하게 만든 사람들의 연구와 분리될 수 없다. 그러므로 이러한 현상들은 철학적 관점에서는 절대적 가치를 가질 수도 있으나 실제로는 상대적 가치만 가진다.

결과적으로 사회현상을 연구할 때에는 매우 다른 두 가지 측면에서 그 현상을 연속적으로 고려하는 것이 필요하다. 그러면 순수이성의 가르침은 실천이성의 것과 매우 상반되는 경우가 종종 있다는 것을 알 수 있다. 이 구분이 적용되지 않는 자료라면 물리적으로 남아 있는 경우도 거의 없다. 절대 진리의 관점에서 정육면체나 원은 특정 공식에 의해 엄격하게 정의된, 변하지 않는 기하학적 도형이다. 하지만 관점에 따라서는 이러한 기하학적 도형들도 매우 다양한 모양을 취할 수 있다. 원근법에 따라 정육면체는 피라미드 또는 사각형으로, 원은 타원 또는 직선으로 변형될 수 있다. 더욱이 실제 모양보다 이러한 가상의 모양을 고려하는 것이 훨씬 더 중요한데, 우리가 보고 사진이나 그림으로 재현할 수 있는 것은 바로 그 가상의 모양들뿐이기 때문이다. 어떤 경우에는 실재하는 것보다 실재하지 않는 것에 더 많은 진실이 있다. 사물을 정확한 기하학적 형태로만 표현한다면 자연을 왜곡하여 알아볼 수 없게 될 것이다. 사람들이 사물을 복사하거나 사진으로만 찍을 수 있고 만질 수 없는 세상을 상상해 보라. 그 사람들은 사물의 형태를 정확하게 파악하기 어려울 것이다. 더욱이 오직 박식한 소수의 사람만이 아는 이러한 형태에 대한 지식은 많은 흥미를 끌지도 못한다.

사회현상을 연구하는 철학자는 그 현상들이 이론적 가치와 함께 실용적 가치도 가진다는 것, 그리고 실용적 가치는 문명의 진화에 관한 한 그 자체로 중요하다는 사실을 명심해야 한다. 이 사실을 인식한다면 철학자는 처음에 논리가 강요한 대로 결론 내리지 않고 좀 더 신중하게 생각할 것이다.

이러한 신중함을 갖는 데에는 또 다른 이유가 있다. 사회적 사실들은 너무 복잡해서 그것들을 하나로 이해하는 것은 불가능하며, 각각의 사실들이 서로에게 미치는 효과 또한 예측할 수 없다. 눈에 보이는 현상 뒤에는 가끔 수천 기지의 보이지 않는 원인이 숨어 있는 것 같기도 하다. 눈에 보이는 사회현상은 대체로 우리의 분석 범위를 벗어나는 거대하면서 무의식적인 작용의 결과처럼 보인다. 지각할 수 있는 현상은 우리가 전혀 알지 못하는 심해의 교란이 바다 표면에서 표현되는 파도에 비유할 수 있다. 군중의 행위 대부분을 고려하면 군중은 유난히 열등한 사고방식을 보이지만, 고대인들이 운명, 자연 또는 섭리라고 불렀고, 우리가 '죽은 자의 목소리'라고 부르는 신비한 힘에 의해 군중이 인도되는 것처럼 보이는 행위들도 있으며, 그 행위들의 본질을 알지 못한다고 해서 그 힘을 간과할 수는 없다. 때로는 민족의 마음속에 그들을 이끄는 잠재된 힘이 있는 것처럼 보일 수도 있다. 예를 들어 비교하자면, 언어보다 더 복잡하고, 더 논리적이고, 더 경이로운 것은 무엇이 있을 수 있을까? 그리고 이 감탄할 정도로 조직적으로 만들어진 언어가 군중의 무의식적 특성의 결과가 아니라면 어디에서 나올 수 있을까? 아무리 학문이 뛰어나고 존경받는 문법학자라 할지라도 언어를 지배하는 법칙을 기록이나 할 수 있을 뿐, 그 법칙을 창조하는 것은 불가능하다. 위인들의 사상에 관해서도 그렇다. 우리는 그것이 전적으로 그들 지성의 산물이라고만 확신할 수 있을까? 위대한 사상은 언제나 그 사상가 한 사람의 정신에 의해 만들어지지만, 그 사상이 싹튼 토양을 형성하기 위해 수많은 영양분을 제공해 준 것은 군중의 특성이 아니면 무엇이겠는가. 군중은 의심할 여지 없이 항상 무의식적 상태이지만, 바로 이 무의식이 군중의 힘, 그 힘의 비밀 중 하나일 것이다. 자연계에서 본능의 지배를 받는 존재들의 행위는 그 기묘한 복잡성으로 우리를 놀라게 한다. 그러나 이성은 너무 최근에 만들어진 인류의 속성인 데다 무의식의 법칙을 밝히기에는 매우 불완전하다. 더군다나 무의식은 대체재가 없다. 우리의 모든 행동에서 무의식의 역할은 엄청나나 이성의 역할은 매우 적다. 무의식은 미지의 힘처럼 작용한다.

우리가 과학이 지식을 전달해 주는, 좁지만 안전한 영역 내에 머물면서 모호한 추측과 헛된 가설의 영역에서 방황하지 않으려면 우리가 해야 할 일은 단순하다. 접근할 수 있는 현상들에 주목하고 그러한 현상들만을 고려하면 된다. 우리가 관찰을 통해 도출하는 모든 결론은 대체로 너무 성급할 때가 많다. 왜냐하면 우리 눈에 명확해 보이는 현상 뒤에는 애매하게 보이는 다른 현상들이 있고, 그리고 아마도 그 애매한 현상들 뒤에는 우리가 전혀 보지 못하는 또 다른 현상들이 있을 것이기 때문이다.

서론

군중의 시대

현시대의 진화 ― 문명의 커다란 변화는 민족 사상이 바뀐 결과이다 ― 군중이 힘을 가졌다는 현대사회의 믿음 ― 군중의 힘은 유럽 국가들의 전통적인 정책을 변형시켰다 ― 대중계급의 출현, 그리고 그들이 힘을 발휘하는 방식 ― 군중이 발휘하는 힘으로부터의 필연적 결과 ― 군중은 오직 파괴적 역할을 한다 ― 낡은 문명의 해체는 군중의 작품이다 ― 군중심리에 대한 일반적 무지 ― 입법자와 정치가를 위한 군중 연구의 중요성

문명의 변화가 생겨나기 전의 격변들, 즉 로마제국의 쇠퇴, 아랍제국의 설립 등은 처음 볼 때는 정치 변혁, 외세의 침입, 또는 왕조의 전복과 같은 것들에 의해 특별한 영향을 받아 결정된 것처럼 보인다. 그러나 이러한 사건들을 좀 더 주의 깊게 연구하면, 그 사건들의 명백한 원인으로 보이는 것 뒤에는 사람들이 가진 생각의 심오한 변화라는 진짜 원인이 있었음을 알 수 있다. 진정한 역사적 격변은 그 위엄이나 폭력으로 우리를 놀라게 하는 것이 아니다. 문

명의 쇄신을 낳는 유일하고도 중요한 변화들은 사람들의 생각과 개념, 신념에 영향을 미친다. 역사에서 두드러지는 사건들은 인간 사고의 변화가 눈에 보이지 않게 작용한 결과이다. 그리고 그런 사건들이 흔하지 않은 이유는 어떤 민족에게는 조상으로부터 물려받은 사고의 토대가 너무도 안정되어 있어 사고의 변화가 일어나지 않기 때문이다.

한편, 현시대는 인류의 사고가 변형을 겪는 중대한 순간이다. 이런 변형의 기반에는 두 가지의 근본적인 요인이 존재한다. 첫 번째는 모든 서양 문명의 뿌리인 종교적, 정치적, 사회적 신념이 파괴되었다는 것이다. 두 번째는 현대의 과학적, 산업적 발견의 결과로 우리가 살아가고 생각하기 위한 조건들이 전적으로 새롭게 생성되고 있다는 사실이다.

비록 과거의 사상 중 절반이 파괴되었다고 해도 여전히 영향력을 행사하고 있고, 이를 대체할 사상은 아직 형성 중이기에 현시대는 과도기요, 무정부 시대라 할 수 있다.

이 필연적이지만 다소 혼란스러운 시기가 어떤 모습으로 진화할지 아직은 말하기 어렵다. 우리 사회의 뒤를 이을 사회들은 어떤 근본적 사고를 기반으로 구축될까? 현재의 우리는 알 수 없다. 그러나 이미 확실한 것은 미래 사회가 어떤 방식으로 조직되든 간에 그 사회는 현대에 살아남은 마지막 자주적 권력과 함께하는 새로운 힘, 즉 군중의 힘을 고려해야 한다는 사실이다. 과거에는 절대적으로 여겨졌으나 이미 퇴락했고 또 퇴락해 가는 중인 그 많은 사상, 연속적인 혁명들이 파괴한 권력의 그 수많은 원천, 그것들의 폐허 위에, 그것들을 대신하여 생겨난 이 군중의 힘은 다른 모든 힘을 흡수할 운명으로 보인다. 우리의 모든 예전 신념들이 흔들리고 사라지는 동안, 사회의 오래된 기둥들이 하나씩 무너지는 동안, 군중의 힘만은 그 어떤 것도 위협할 수 없는 유일한 힘이며 그 명망은 계속해서 올라가고 있다. 우리가 곧 맞이하게 될 시대는 진정 군중의 시대이다.

불과 한 세기 전만 해도 유럽 국가들에서 전통적인 정책과 주권자들의 경쟁은 사건을 발생시키는 주된 요인이었다. 군중의 의견은 거의 고려되지 않았다. 아니, 대부분 무시당했다고 해도 과언이 아니다. 오늘날 정치에서 얻어진 전통, 통치자들의 개인적 성향이나 경쟁은 중요치 않다. 반면 군중들의 목소리는 우세해졌다. 왕들에게 행동을 지시하는 것은 바로 이 목소리이며 왕들은 그 발언에 주목하려고 노력한다. 국가의 운명은 현재 대중의 마음속에서 정교하게 만들어지고 있지, 더 이상 왕자들의 평의회에서 결정되지 않는다.

대중계급이 정치 영역에 진입하는 것, 다시 말해, 실제로는 대중계급의 지배계급으로의 점진적인 변화는 과도기인 우리 시대의 가장 눈에 띄는 특징 중 하나이다. 오랫동안 시행되었으나 거의 영향력을 행사하지 못했던 보통선거는 이러한 정치적 권력의 이동에서 두드러지지 않았다. 군중의 힘은 처음에는 특정 사상들이 천천히 사람들의 마음속으로 전파되면서부터 점진적으로 성장했고, 그 후에는 이론적 개념들을 현실화시키는 데 몰두한 개인들이 연합하면서 이루어졌다. 이 연합에 의해 군중은 특별히 정의롭지 않을지는 몰라도 분명히 정의되는 그들의 이익과 관련된 사상들을 세상에 전파하며 자신들의 힘을 의식하기에 이르렀다. 군중은 연합하여 힘을 발휘하고 권력도 무너뜨린다. 또한 노동조합을 세워 경제법과 상관없이 노동과 임금의 조건을 규제하려고 한다. 군중은 정부에 권한을 행사하는 의회에 자신의 대표자들을 보내는데 그들은 의회에서 아무런 주도권도 없으며, 흔히 그들을 뽑아 준 군중의 대변인 격으로 전락한 사람들일 뿐이다.

오늘날 군중의 주장은 점점 더 명확히 정의되고 있다. 그 주장은 문명의 여명기 이전 모든 인간 집단의 정상적 삶의 조건이었던 원시 공산주의 사회로 돌아가겠다는 생각으로, 현재 존재하는 사회를 완전히 파괴하겠다는 결정과 다름없다. 노동시간의 제한, 광산과 철도, 공장, 토지의 국유화, 모든 제품의 평등 분배, 대중계급의 이익을 위해 모든 상류계급의 제거 등이 그들의 주장이다.

군중은 이성적 사고에는 약하지만, 반대로 행동이 빠르다. 그들은 현재 조직을 구축한 결과, 엄청난 힘을 얻었다. 우리는 군중의 교리들이 탄생하는 것을 목격하고 있는데, 그것은 옛 교리들처럼 어떤 논의도 필요치 않은 전제적이고 절대적인 힘을 곧 가지게 될 것이다. 즉 군중의 신성한 힘이 왕의 신성한 힘을 대체할 것이다.

우리 유럽의 중산층이 애호하는 작가들, 즉 다소 편협한 생각과 좁은 견해, 피상적인 회의주의를 보이며, 또 때로는 다소 지나친 이기주의를 가장 잘 대변하는 작가들은 이 군중의 힘이 자라나는 것을 보며 깊은 경각심을 표명한다. 사람들 마음의 혼란과 싸우기 위해 그들은 이전에는 그토록 경멸했던 교회의 도덕적 힘에 필사적으로 호소하고 있다. 그들은 우리에게 과학이 파산했다면서 로마로 돌아가 참회하고 신이 계시한 진리의 가르침을 배우라고

한다. 이 새로운 개종자들은 그러기에는 너무 늦었다는 사실을 잊고 있다. 그 작가들이 정말로 신의 은총에 감동했다 해도, 그런 은총은 최근에 그들이 집착하게 된 이런 가톨릭교에 대한 지지에 전혀 관심이 없는 군중에게는 아무런 영향을 미치지 못할 것이다. 군중은 어제까지만 해도 신을 거부하고 파괴하려 했던 이 작가들이 오늘에 와서 신봉하라고 해도 속지 않는다. 신이든 인간이든, 강물을 그 발원지로 되돌리는 것은 불가능하다.

과학은 파괴당하지 않았으나, 현재의 지적 무정부 상태와 이 한가운데서 솟아나는 새로운 권력을 만드는 데 아무런 역할도 하지 않았다. 과학은 우리에게 진리를 보여줄 것을 약속했다. 적어도 우리의 지성이 포착할 수 있는 관계들에 대해 그 원리를 알려줄 거라고 약속했다. 그러나 과학은 우리에게 평화나 행복을 약속하지는 않았다. 우리의 감정에 극히 무관심하여 우리의 비통함은 전혀 알지 못한다. 그래도 우리는 과학과 함께 살기 위해 노력해야 한다. 과학이 파괴한 환상을 되돌릴 수 있는 것은 아무것도 없기 때문이다. 모든 국가에서 볼 수 있는 보편적 증상은 군중의 힘이 빠르게 성장하고 있다는 것이며, 그 힘은 머지않아 성장을 멈출 거라는 어떠한 예상도 인정하지 않는다. 그 힘이 어떤 운명을 가져다줄지 모르나 우리는 그 운명을 달게 받아들여야 한다. 그 힘에 반대하는 이성이란 그저 헛된 말싸움일 뿐이다. 군중의 등장은 무정부 시대가 도래했음을 알렸다. 이 혼란스러움은 서구 문명의 마지막 단계 중 하나이며, 언제나 새로운 사회의 탄생에 앞서 나타나도록 운명 지어졌다. 과연 이러한 현상을 막을 수 있을까?

지금까지는 낡은 문명을 철저히 파괴하는 것이 군중의 가장 명백한 임무였다. 이러한 임무는 사실 오늘날에만 수행된 것은 아니었다. 문명이 기대는 도덕적 힘이 약해지는 순간, 그 문명은 야만인이라는 타당한 이름이 붙은 무의식적이고 잔인한 군중들에 의해 최종적으로 해체된다는 것을 역사는 말해 준다. 지금까지의 문명을 창조하고 이끌어 온 것은 오직 소수의 귀족계급 지성인이었다. 결코 군중이 아니었다. 군중은 오직 파괴할 때 강력한 힘을 발휘한다. 그들의 통치는 항상 야만적인 단계와 같다. 문명은 정해진 규칙과 규율, 본능에서 이성적 상태로의 진화, 미래에 대한 예견, 그리고 높은 수준의 문화를 수반한다. 그리고 군중은 이 모든 걸 실현할 능력이 없음을 다시 한번 명확하게 보여주었다. 군중은 순전히 그들의 파괴적인 특성으로 인해 쇠약하거나 죽은 사체를 분해하는 미생물처럼 행동한다. 문명의 구조가 썩었을 때, 그 문명을 무너뜨리는 것은 항상 군중이었다. 바로 이런 관점에서 군중의 주요 사명이 확연히 보이며, 한동안은 다수가 힘을 가진다는 철학만이 유일한 진리처럼 여겨진다.

우리 서양 문명에도 같은 운명이 기다리고 있을까? 그럴 것이라고 두려워할 근거는 있지만, 그래도 우리는 아직 확신할 수 없다.

그러나 이러한 운명이 온다고 해도 우리는 군중의 지배를 체념하고 받아들일 수밖에 없다. 왜냐하면 우리의 부족한 예견력으로 인해 그동안 군중을 견제해 왔을지 모르는 장벽들을 우리 스스로 하나씩 무너뜨려 왔기 때문이다.

우리는 여러 논의의 대상이 되기 시작한 이 군중에 대해 아주 조금만 알고 있다. 전문적으로 심리학을 공부하는 사람들은 군중과 멀리 떨어져 살며 항상 그들을 무시해 왔으며, 최근에야 이쪽으로 관심을 돌리기는 했으나, 그 관심 또한 군중이 저지를지 모르는 범죄에 관한 것일 뿐이다. 의심할 여지 없이 범죄와 관련된 군중은 존재한다. 하지만 선량하고 영웅적인 군중, 그 외 다양한 종류의 군중 또한 존재한다. 군중의 범죄는 군중심리의 특정 단계를 구성할 뿐이다. 군중의 정신 구성은 단순히 군중의 범죄를 연구한다고 해서 알 수 있는 것이 아니다. 한 개인의 악행을 분석하는 것만으로는 그 개인의 정신세계를 절대 이해할 수 없는 것과 같다. 그러나 사실 모든 세상의 지배자들, 모든 종교 또는 제국의 창시자들, 모든 신념의 사도들, 저명한 정치가들, 그리고 더 작게 보자면 소집단의 우두머리들은 모두 항상 군중의 특성에 대해 본능적이고 때로는 확실한 지식을 가진 무의식적 심리학자들이었다. 그들이 그렇게 쉽게 군중을 지배할 수 있었던 것은 군중의 특성에 대해 정확히 안 덕분이었다. 나폴레옹은 자신이 통치하는 국가의 군중심리에 대해서는 놀라운 통찰력을 가지고 있었지만, 다른 종족에 대해서는 군중의 심리를 완전히 오해해 버렸다.* 그런 잘못된 이해 때문에 나폴레옹은 스페인, 특히 러시아 원정에 나갔고 그의 권력은 그곳에서 타격을 입고 오래지 않아 완전히 파괴되고 말았다. 오늘날 군중의 심리에 대해 아는 것은, 정말 어려운 문제가 되어 가고 있는 이 군중을 지배하기 위해서라기보다는, 군중에 의해 과도하게 지배당하기를 원치 않는 정치가들의 최후 수단이라 할 수 있다.

---

* 게다가 가장 교묘하다는 평을 듣던 나폴레옹의 조언자들조차도 이 심리를 더 잘 이해하지는 못했다. 탈레랑은 나폴레옹에게 "스페인이 그의 군대를 해방군으로 받아들일 것"이라고 썼다. 그러나 실상 스페인은 그 군대를 맹수로 받아들였다. 스페인 종족의 유전 본능에 익숙한 심리학자였다면 이것을 쉽게 예견했을 텐데 말이다.

군중심리에 대한 통찰을 얻어야만 군중이 법과 제도를 얼마나 무시하는지, 군중이 강요된 견해 외에 자신들의 견해를 갖는 데 얼마나 무력한지, 그리고 군중을 지도하는 것은 평등의 이론을 바탕으로 한 규칙에 의해서가 아니고, 그들을 감동하게 하고 유혹하는 것들을 추구함으로써 가능하다는 사실을 이해할 수 있다. 예를 들어, 새로운 세금을 부과하려는 입법자가 이론적으로 가장 정의로운 세법을 선택해야 할까? 절대 아니다. 실제로는 가장 부당한 것이 군중에게는 가장 좋은 것일 수 있다. 가장 불분명해도 겉보기에 명백히 부담이 적어 보이는 세법을 군중은 가장 쉽게 받아들일 것이기 때문이다. 이러한 이유로 아무리 엄청난 간접세가 부과되더라도 대중은 항상 이를 받아들일 것이다. 왜냐하면 상품을 소비할 때 붙는 세금은 날마다 계산해 봐도 극히 적은 금액이라서 군중은 이를 인지하지도 못한 채 소비를 계속할 것이기 때문이다. 이를 임금이나 각종 소득에 붙는 누진세로 대체해 보라. 이 새로운 세금 체계가 이론적으로는 다른 세금보다 10배나 부담이 적다 하더라도 군중으로부터 만장일치로 항의가 일어날 것이다. 이것은 인지되지도 않는 극히 적은 금액의 세금을 매일 내던 때보다 상대적으로 어마어마하게 큰 액수의 세금을 낸다는 생각이 들기 때문이다. 매일 조금씩 조금씩 저축해 온 사람에게는 이 새로운 세금이 가벼워 보이겠지만 군중은 이러한 경제적 진행 과정에 대해 예측하고 준비하는 자세가 굉장히 부족하다. 앞의 예는 가장 간단한 것이니 그 적절성은 쉽게 이해될 것이다. 나폴레옹은 이러한 것을 심리학자와 같은 눈으로 파악했다. 그러나 군중의 특성에 대해 무지한 현대 입법자들은 제대로 파악하고 읽어 내지 못한다. 그들은 인간이 결코 순수이성의 가르침에 따라 행동하지 않는다는 사실을 경험으로 배우지 못했기 때문이다.

군중심리는 다른 많은 실용적인 응용 분야에도 적용될 수 있다. 이 군중심리에 대한 지식은 만약 이 지식이 없었다면 완전히 이해 불가능했을 수많은 역사적, 경제적 현상들에 가장 생생한 빛을 던져 준다. 후에 다시 설명할 기회가 있겠지만, 현대 역사가 중 가장 주목할 만한 사람인 텐이 프랑스혁명 당시 사건들을 때때로 왜 그토록 불완전하게 이해했는지 알 수 있다. 바로 군중의 특성을 알아보려는 생각조차 못 했기 때문이다. 그는 이 복잡한 시대를 연구하면서 박물학자들이 이용하는 기술 방법을 지침으로 삼았다. 박물학자들이 연구해야 하는 현상들에는 도덕적 힘은 거의 없다. 진정 역사의 주된 부분을 구성하는 것은 바로 이 힘인데도 말이다.

결과적으로, 실용적인 측면에서만 보더라도 군중심리에 대한 연구는 시도해 볼 만한 가치가 있다. 순전한 호기심에 의한 흥미일지라도 여전히 가치가 있다. 인간의 행동 동기를 해독하는 것은 광물 또는 식물의 특성을 알아내는 것만큼이나 흥미롭다. 군중의 특성에 대한 나의 연구는 단지 내가 조사한 것들을 간략하게 종합하고 단순하게 요약한 보고서에 불과할 수도 있다. 이 연구에서 얻어질 것이라고는 몇 가지의 암시적인 견해일 뿐이다. 앞으로 다른 연구자들이 더 철저하게 군중심리를 조사해야 한다. 지금 나는 아직 경작되지 않은 땅이나 마찬가지인 토양의 표면만 건드렸을 뿐이기 때문이다.

1부

군중의 정신세계

1장

군중의 일반적 특성
- 군중의 정신이 일치되는 심리적 법칙

심리적 관점에서 군중을 구성하는 요소 — 수직으로 많은 개인이 모이는 깃
만으로 군중이 형성되는 것은 아니다 — 심리적 군중의 특별한 성격 — 그러
한 군중을 구성하는 개인의 생각과 정서의 고정된 방향을 전환, 그리고 그들
의 개성이 사라지는 것 — 군중은 항상 그들이 의식하지 못하는 생각에 의해
지배받는다 — 뇌 활동의 소멸과 본능 활동의 우세 — 지능의 저하와 정서의
완전한 변형 — 변형된 정서는 군중을 구성하는 개인들의 정서보다 더 좋거나
나쁠 수 있다 — 군중은 범죄자가 되기 쉬운 만큼 영웅이 되기도 쉽다

일반적인 의미에서 '군중'이라는 단어는 국적, 직업, 성별을 불문
하고 어떤 계기로든 함께 모이게 된 개인들을 뜻한다. 그러나 심리
적 관점에서 '군중'이라는 표현은 상당히 다른 의미를 갖는다. 주
어진 특정 상황, 그리고 그러한 상황에서만 사람들의 집합은 그것
을 구성하는 개인과는 매우 다른 새로운 특성을 나타낸다. 함께 모
인 모든 사람의 정서와 생각은 하나의 동일한 방향성을 띠며 의식

을 가진 개개인으로서의 특성들은 사라진다. 집단적 정신이 만들어지고, 의심할 여지 없이 일시적이지만 매우 명확하게 정의되는 특성을 나타낸다. 따라서 이렇게 모인 집단을, 나는 '조직된 군중'이라고 부른다. 혹은 좀 더 부드럽게 '심리적 군중'이라고 부를 수도 있을 것이다. 그것은 하나의 존재를 형성하고 군중의 정신적 일치라는 법칙의 지배를 받는다. 많은 수의 사람이 우연히 나란히 있는 것만으로는 조직화된 군중의 성격을 갖게 되지는 않는다. 어떤 정해진 목적도 없이 우연히 공공장소에 모인 수천 명의 개인은 심리적 관점에서는 어느 모로 보나 군중을 구성하지 않는다. 그런 군중이 특별한 성격을 얻으려면 어떤 원인이 있어 그로부터 영향을 받은 것이어야 하며, 우리는 그 원인이 무엇인지 알아내야 한다. 의식을 가진 개성이 사라지고 정해진 방향으로 감정과 생각이 돌아서는 것, 이는 조직되려 하는 군중의 주요 특징이며, 한 장소에 많은 수의 사람이 동시에 모이는 것과는 항상 관련되지 않는다. 따로 떨어져 있더라도 수천 명의 개인이 특정 순간에, 예를 들어 국가적으로 큰 사건 등이 일어났다면 어떤 격렬한 감정의 영향을 받아 심리적 군중의 특성을 갖게 된다. 이 경우 어떤 단순한 우연으로 그들이 함께 모일 시 그들의 행위는 즉시 군중의 행동 특성을 띠게 된다. 특정 순간이라면 대여섯 사람만 모여도 심리적 군중을 구성할 수 있다. 수백 명의 사람이 아무 원인 없이 우연히 함께 모인 경우와는 다르다. 반면에 집합 자체는 눈에 보이지 않을 수도 있지만 국민 전체가 어떤 영향의 작용 아래 군중이 될 수도 있다.

심리적 군중은 일단 구성되면 잠정적이지만 규정 가능한 일반적인 특성을 획득한다. 이러한 일반적 특성에는 군중을 구성하는 요소에 따라 달라지는 특정 성격이 포함되어 있어 그 군중의 정신적 구성을 변화시킬 수 있다. 그러면 심리적 군중은 분류되기 쉽다. 좀 더 자세히 연구해 보면 이질적 군중, 즉 각기 다른 요소로 구성된 군중은 동질적 군중, 즉 종파, 계층, 계급 등 다소 유사한 요소로 이루어진 군중과 어떤 공통적 특성을 보이며, 또 서로의 차이를 보여주는 독특한 성질도 함께 존재한다. 하지만 서로 다른 범주의 군중을 분류하기 전에 우리는 먼저 모든 군중에게 공통적으로 나타나는 특징을 살펴봐야 한다. 마치 박물학자처럼 어떤 과科에 속하는 것들의 공통점을 살펴본 뒤, 그 과 안에 포함되는 속屬과 종種의 차이를 구별하게 해 주는 특정 성질을 살펴보는 것이다.

군중의 정신세계를 정확하게 설명하기란 쉽지 않다. 군중 조직은 인종과 구성에 따라 다를 뿐만 아니라 군중이 움직이게 되는 원인의 성격과 강도에 따라서도 달라지기 때문이다. 그러나 이 같은 어려움은 한 개인의 심리를 연구할 때에도 똑같이 나타난다. 변함없는 성격으로 인생을 살아가는 개인은 오직 소설에서나 찾아볼 수 있다. 한결같은 성격을 낳는 것은 오직 한결같은 환경뿐이다. 나는 모든 정신 구조는 환경이 갑작스럽게 변하면 확 드러날 성격을 감추고 있음을 증명한 바 있다. 이것은 평소라면 선한 공증인이나 덕망 있는 치안판사가 되었을지 모르는 온순한 시민들이 왜 프랑스 국민공회에서 가장 극렬한 의원들이 되었는지를 보여주는 이유이다. 폭풍이 지나가고 나니 그 극렬한 의원들은 다시 법을 잘 지키고 원래의 조용한 성격으로 돌아갔다. 나폴레옹은 이들 중에서 자신의 가장 온순한 하수인들을 찾아냈다.

여기서 군중이 조직되는 모든 연속적 단계를 연구하는 것은 불가능하기에 나는 특별히 완전한 조직화 단계에 도달한 군중에 대해서만 다룰 것이다. 이를 통해 우리는 변함없는 현재의 군중 모습이 아니라 군중이 어떻게 변할 수 있는지를 볼 것이다.

오직 군중의 조직화가 무르익은 단계에서만 군중의 새롭고 특별한 특성은 변하지 않고, 지배적이던 특성과 겹치게 된다. 그리고 앞에서 이미 암시한 것처럼 집합체로서의 군중은 모든 정서와 생각이 같은 방향으로 향하게 된다. 또한 오직 이런 상황에서만 앞에서 내가 군중의 정신이 일치하는 심리적 법칙이라 부른 것이 작용한다.

군중의 심리적 특성에는 홀로 있는 개인들에게 나타나는 것과 비슷한 특성도 있는가 하면, 반대로 집합체로서의 군중에게서만 볼 수 있는 군중만의 절대적인 특성도 있다. 군중의 중요성을 설명하기 위해 우리가 살펴볼 것은 이러한 군중만의 절대적인 특성이다.

심리적 군중이 보여주는 가장 큰 특징은 다음과 같다. 군중을 구성하는 개인들이 누구든 간에, 그들 각자의 삶의 방식이나 직업, 성격 또는 지능은 비슷하거나 다를 수 있다. 그러나 그들이 군중으로 변형되었다는 사실은 그들이 느끼고, 생각하고, 행동하는 것에 변화를 준다. 개인이 혼자였을 때와는 상당히 다른 방식으로 변하게 되며 이는 일종의 집단적 정신을 갖게 한다. 어떤 생각과 감정들은 군중 속 개인의 경우에만 일어나고 행동으로 이뤄진다. 심리적 군중은 이질적인 요소로 구성된 잠정적 존재이다. 생명체를 구성하는 세포들이 모여 각각 단독으로 가지고 있던 성질과는 매우 다른 성질을 보이듯, 이 이질적 요소들은 잠시 결합해 군중을 형성한다.

허버트 스펜서처럼 예리한 철학자의 펜에서 나온 의견과는 달리, 군중을 구성하는 총체에는 그 요소들 사이의 합산이나 평균이 존재하지 않는다. 실제로 일어나는 일은 요소의 결합이 새로운 특성으로 바뀐다는 것인데, 이것은 마치 화학의 특정 원소들과 같다. 예를 들어 염기와 산이 결합하면 그것들이 가졌던 기능과는 상당히 다른 성질을 가진 화합물이 탄생하는 것처럼 말이다.

군중을 형성하는 개인이 홀로 있을 때의 개인과 얼마나 다른지 증명하기란 어렵지 않다. 그러나 이 차이의 원인을 발견하는 것은 쉽지 않다. 어쨌든 그 원인을 조금이라도 알아내고 싶다면 우선 현대 심리학으로 확립된 사실을 염두에 두어야 한다. 그 사실은 무의식적 현상들이 유기체의 생활에 있어서뿐 아니라 지능의 작동에서도 우세한 역할을 한다는 것이다. 우리 정신에 있어서 의식적인 삶은 무의식적인 삶에 비하면 중요성이 크지 않다. 가장 섬세한 분석가나 가장 예리한 관찰자라도 자기 행동을 결정하는 무의식적 동기를 몇 개 이상 발견하지 못한다. 우리의 의식적인 행위는 그 밑에 존재하는 영역인, 주로 유전적 영향에 의해 만들어지는 무의식의 결과이다. 이 영역은 여러 세대를 거치면서 유전되는 무수히 많은 공통된 성질들로 구성되며 한 종족의 특성을 이룬다. 우리 행위의 원인 뒤에는 우리가 공언하지 못하는 숨겨진 원인이 명백히 존재한다. 그런데 또다시 이러한 원인 뒤로 우리가 알 수 없는 더 많은 비밀이 자리한다. 우리가 매일 하는 행동의 대부분은 우리가 관찰할 수 없는 숨겨진 동기의 결과이다.

한 인종에 속한 모든 개인이 서로 닮은 것은 그 인종의 특성을 구성하는 무의식적 요소와 연관이 있다. 그런데 그들이 서로 다른 것은 그들 성격의 의식적인 요소와 주로 관련된다. 의식적인 요소는 교육의 결과이며 특히 예외적인 유전적 조건들이다. 지성에 있어 큰 차이가 나는 사람들도 매우 비슷한 본능과 열정, 감정을 가질 수 있다. 종교, 정치, 도덕, 애정과 반감 등 감정의 영역에 속하는 것들의 경우, 대부분의 저명한 사람들도 가장 평범한 개인의 수준을 뛰어넘는 경우가 많지 않다. 지적인 관점에서 보면 위대한 수학자와 그의 신발을 만드는 사람 사이에는 좀처럼 좁히기 어려운 차이가 존재할 수 있지만, 특성이라는 관점에서 보면 그 차이는 흔히 미미하거나 존재하지 않는다.

우리가 의식하지 못하는 힘에 지배되는 이러한 특성의 일반적 성질은 한 인종을 구성하는 정상적인 개인들이라면 대부분 비슷한 정도로 가지고 있다. 정확히 이러한 성질이 군중에 있어서 공유 재산이 된다는 사실을 강조하고 싶다. 집단적 정신 속에서는 개인의 지적 적성과 개성이 차례로 약화한다. 이질적인 것이 동질적인 것에 휩쓸리며 무의식적 성질이 우위를 차지하게 된다.

군중은 공통적으로 보통의 수준을 지닌다는 바로 이 사실은 군중이 왜 고도의 지능이 요구되는 행동을 하지 못하는지 설명해 준다. 탁월한 사람들이지만 저마다 하는 일이 다른 사람들의 모임에서 만들어지는 일반적인 관심사들에 대한 결정은 지능이 낮은 사람들의 모임에서 채택하는 결정보다 눈에 띄게 우월하지 않다. 진실은, 군중이 형성되면 그들은 모든 평범한 인간이 가지고 태어나는 보통의 수준을 공통으로 갖게 된다는 것이다. 군중에게서는 어리석음이 쌓이지, 타고난 지혜는 쌓이지 않는다. 모든 세상이 가진 재치가 볼테르의 그것보다 못하다는 말을 자주 하는데, 만약 그 '모든 세상'을 군중이라는 의미로 이해한다면 볼테르가 모든 세상의 재치보다 더 많은 재치를 지녔다는 건 확실하다.

그러나 군중을 이루는 개인들이 각자가 가진 평범한 성질을 공유하는 것에 그친다면 그것은 단지 평균 수준의 성질이라는 결과를 낳을 뿐이다. 앞에서 우리가 말한 새로운 특성이 만들어진다는 실제적 경우와는 다르다는 이야기이다. 그러면 이러한 새로운 특성은 어떻게 만들어질까? 우리가 지금 연구해 보려는 것이 바로 이것이다.

다양한 원인에 의해 홀로 있는 개인에게서는 보이지 않던 특성이 군중이 되었을 때에는 군중 특유의 모습으로 나타나게 된다. 그 현상의 첫 번째 원인은 군중을 구성하는 개인이 혼자 있을 때에는 마지못해 참아야 했던 본능을, 군중이라는 다수에 속할 때에는 그 본능에 굴복해도 된다고 허락하는 무적의 힘을 얻게 되는 것에 있다. 군중이 익명성을 가지게 되면 개인은 그것을 고려하여 자신을 제어하려는 성향이 줄어들고, 결과적으로 무책임해지며, 항상 자신을 통제하는 책임감이라는 감정도 완전히 사라진다.

두 번째 원인은 전염이다. 전염은 군중 속에서 개인들의 특별한 특성이 발현되면서 그들이 취하는 태도의 방향을 결정한다. 전염이라는 현상은 그 존재를 확인하기는 쉬우나 설명하기는 쉽지 않다. 이는 우리가 곧 짧게 살펴볼 최면과 유사한 현상들 중 하나로 분류되어야 한다. 군중 속에서 모든 감정과 행동은 전염성이 있다. 그리고 개인이 집단의 이익을 위해 자신의 사적 이익을 쉽게 희생할 정도로 그 전염성은 강하다. 이것은 개인의 본성과 매우 상반되는 능력으로 인간이 군중의 일부가 될 때가 아니면 거의 있을 수 없는 일이다.

그리고 단연코 가장 중요한 원인인 세 번째 원인은 군중을 이루는 개인들에게서 나타나는 특별한 성질을 결정하는 것으로, 그 개인들이 홀로 있을 때 보여지는 성질과는 상당히 다르다. 나는 '암시를 받아들이는 성질'에 대해 말하려고 한다. 무엇보다 이것은 앞에서 말한 전염의 효과와 정확히 같은 것이다.

이 현상을 이해하려면 최근에 이루어진 생리학 분야에서의 특정 발견을 염두에 두어야 한다. 오늘날 우리는 다양한 과정을 통해 개인이 의식적인 인격을 완전히 상실한다면, 인격을 박탈한 조작자의 모든 제안에 순종하고 자신의 성격이나 습관과는 완전히 모순되는 행동을 저지르는 상태에 빠질 수 있음을 알고 있다. 주의 깊게 관찰하면 행동하는 군중 속에서 일정 기간 몰두한 개인은 최면에 걸린 사람이 최면술사의 손에 의해 좌지우지되는 상태와 비슷한, 어떤 특별한 상태에 빠진다는 것을 보여준다. 그 원인은 군중이 뿜어내는 기운으로 사람을 끌어들이는 힘이거나, 혹은 우리가 알지 못하는 다른 어떤 것일 수도 있다. 최면에 걸린 대상은 뇌 활동이 마비되므로 최면술사가 마음대로 조종할 수 있는, 모든 무의식적 활동의 노예가 된다. 의식적인 인격이 완전히 사라지고 척수 신경의 제어부터 의지와 분별력까지 잃는다. 모든 감정과 생각은 최면술사가 정한 방향으로 기운다.

또한 이것은 심리적 군중에 속한 개인의 상태와 비슷하다고 할 수 있다. 그 개인은 더 이상 자기 행동을 의식하지 않는다. 최면에 걸린 사람과 마찬가지로 어떤 기능들이 파괴됨과 동시에 다른 기능들은 높은 수준으로 고양된다. 그렇게 되면 어떤 암시의 영향 아래, 그는 저항할 수 없는 맹렬함으로 특정 행동을 하게 된다. 이 맹렬함은 최면에 걸린 사람보다 군중에 속한 개인이 더 저항하기 힘들다. 군중에 속한 모든 개인에게 똑같이 작용하는 암시는 상호적이기에 더욱 힘을 얻는다. 이 암시에 저항할 만큼 강한 인격을 가진 개인이 군중 속에 있다고 하더라도 그 수가 너무 적어 그 흐름에 맞서 싸울 수 없다. 그 개인들은 기껏해야 다른 암시를 통해 관심을 돌리는 시도를 할 수 있는데, 예를 들자면, 행복한 표정과 같은 이미지를 시의적절한 순간에 이용하여 잔인한 유혈 사태를 일으키려 하는 군중을 저지할 수 있다.

그러므로 우리는 의식적 인격의 소멸, 무의식적 인격의 우세, 암시와 전염을 통해 감정과 생각이 동일한 방향으로 바뀌는 것, 암시된 생각을 즉시 행동으로 바꾸는 경향, 이런 것들이 군중을 구성하는 개인의 주요 특성임을 알 수 있다. 그런 개인은 더 이상 자기 자신이 아니며, 그가 조직된 군중의 일부가 되었다는 사실만으로도 한 인간은 문명의 사다리에서 몇 단계 아래로 내려간다. 자동으로 움직이는 인형이 되어 자신의 의지에 따라 움직이지 않게 된다. 혼자라면 교양 있는 개인일 수 있지만, 군중 속에서 그 개인은 야만인, 즉 본능에 따라 행동하는 생명체에 불과하다. 그는 자발성, 폭력성, 잔인함, 그리고 원시적 존재들이 갖는 열정과 영웅심을 가지기도 한다. 더구나, 군중을 구성하고 있는 상태에서는 혼자로서의 개인에게는 전혀 작용하지 않을 말이나 이미지에도 감명받게 되며, 가장 명백한 자신의 관심사와 가장 잘 알려진 습관과도 반대되는 행동을 하게끔 유도하는 군중의 기능에 의해 원시적 존재들과 닮아 가는 경향을 보인다. 군중 속의 개인은 바람이 제멋대로 불 때마다 휘몰려 다니는 많은 모래 알갱이 중 하나라고 할 수 있다.

바로 이러한 이유로 배심원단은 배심원 개개인 모두가 동의하지 않는 평결을 내리는 것이며, 국회는 개별 국회의원이 개인적으로는 찬성하지 않을 법이나 정책을 채택하게 되는 것이다. 따로 떼어 놓고 보면, 국민공회의 의원들은 평화로운 습관을 지닌 계몽된 시민이었다. 그러나 군중 속에서 하나로 뭉친 그들은 가장 야만적인 제안과 유착했고, 명백하게 무고한 개인을 단두대에서 처형했으며, 면책특권을 포기함으로써 자신들의 이익에 반하는 결정을 내리는가 하면, 자신들에게도 10분의 1세를 부과하는 것조차 주저하지 않았던 것이다.

군중 속의 개인을 본질적으로 원래의 자신과 다르게 만드는 것은 그 개인의 행동만이 아니었다. 자신의 독자성을 완전히 잃기도 전에 그의 생각과 감정은 변형을 겪었고, 그 변형은 구두쇠를 소비주의자로, 회의론자를 신봉자로, 정직한 사람을 범죄자로, 겁쟁이를 영웅으로 변화시킬 정도로 심오했다. 1789년 8월 4일 밤, 순간적인 열광에 사로잡혀 투표한 귀족들*은 자신들의 모든 특권을 포기하는 데 찬성했는데, 개개인의 생각으로만 투표했다면 그 누구도 동의하지 않았을 것이다. 앞의 내용에서 도출해야 할 결론은 군중은 항상 혼자인 개인일 때보다 지적으로 열등하다는 사실

---

* 귀스타브 르 봉이 바로 앞쪽에서 혁명 프랑스의 국민공회를 언급했기에 여기서는 프랑스 귀족을 의미하고 있다.

이다. 그러나 감정과 감정이 불러일으키는 행동의 관점에서 볼 때 군중은 상황에 따라 개인보다 낫거나 못할 수 있다. 모든 것은 군중에게 노출되는 암시의 성격에 따라 달라진다. 이것이 바로 군중을 범죄의 관점에서만 연구해 온 사람들이 완전히 오해하는 지점이다. 의심할 여지 없이 군중은 종종 범죄를 저지르기도, 종종 영웅이 되기도 한다. 신조나 사상의 승리를 확보하기 위해 죽음의 위험을 감수하게 된 것도, 영광과 명예에 대한 열정으로 불타오른 것도, 십자군 시대처럼 식량도 무기도 없는 상태에서 이교도들로부터 그리스도의 무덤을 구하기 위해 이끌린 것도, 1793년* 조국을 수호하기 위해 싸운 것도 혼자만의 개인들이 아니라 그 개인들이 이룬 군중이었다. 그러한 영웅주의는 의심할 여지 없이 다소 무의식적인 행동이었지만 역사가 만들어지는 것은 그런 영웅주의에 의해서이다. 사람들이 냉정하게 생각한 후 행한 행동만이 위대하다고 인정받았다면, 세계사에 기록된 위대한 행동은 별로 많지 않았을 것이다.

---

* 1793년 1월, 프랑스를 지배하던 국민공회는 루이 16세를 처형하고 영국, 네덜란드, 스페인에 선전포고했다.

2장

군중의 정서와 도덕

1. 군중의 충동성, 가변성 및 조급증

   군중은 모든 외부의 자극에 영향받고 자극의 끊임없는 변형을 반영한다 — 군중이 복종하는 충동은 개인적 관심의 느낌을 전멸시킬 정도로 고압적이다 — 군중에게 사전 계획은 없다 — 인종적 영향

2. 군중은 쉽게 믿고 쉽게 암시를 받는다

   군중의 암시에 대한 복종 — 군중은 머릿속에 떠오른 이미지를 현실로 받아들인다 — 군중을 구성하는 모든 개인에게 이러한 이미지가 동일한 이유 — 군중 속에서 교육받은 사람과 무지한 사람 사이의 평등 — 군중 속의 개인들이 사로잡히는 환상의 다양한 예 — 군중의 증언을 믿을 수 없음 — 수많은 증인의 만장일치는 사실을 입증하기 위해 불러내는 증거 중 최악이다 — 역사서들의 보잘것없는 가치

3. 군중 정서의 과장과 단순성

   군중은 의심이나 불확실성을 인정하지 않고 항상 극단으로 향한다 — 그들의 정서는 항상 과도하다

4. 군중의 편협함, 독재성, 보수성

이러한 정서의 원인 — 강력한 권위 앞에서 군중의 비굴함 — 군중의 순간

적인 혁명적 본능은 그들이 극도로 보수적으로 되는 것을 막지 못한다 —

군중은 본능적으로 변화와 진보에 적대적이다

5. 군중의 도덕성

군중이 행동하게 하는 암시에 따른 군중의 도덕성은 군중을 구성하는 개

인의 도덕성보다 훨씬 낮을 수도 있고 훨씬 높을 수도 있다 — 설명 및 예시

— 군중은 홀로 있는 개인을 움직이게 하는 유일한 동기인 이해관계에 이

끌리는 경우가 드물다 — 군중의 교화적 역할

군중의 주요 특성을 개략적으로 설명했으니 이제 이러한 특성
을 자세히 살펴보는 일이 남았다. 군중의 특별한 성질 중에는 충동
성, 조급증, 이성적 사고 능력 부족, 판단력과 비판 정신 부족, 감정
의 과장 등이 있다. 또 진화의 열등한 형태에 속하는 존재들, 예를
들어 여성, 야만인, 아이들에게서 거의 항상 볼 수 있는 그런 특성
들도 있음에 주목할 것이다. 그러나 나는 단순히 지나가는 말로 이
런 특성들을 유추하게 할 것이다. 그것들을 설명하고 입증하는 것
은 이 책의 범위를 벗어난다. 더욱이 그렇게 입증하는 것은 원시적
존재의 심리를 잘 아는 사람들에게는 쓸모가 없을 것이며, 이 문제
에 대해 무지한 사람들에게는 아무런 설득력이 없을 것이기에 그
렇다.

이제 대다수의 군중에게서 관찰될 수 있는 다양한 특성들을 연
속적으로 살펴보겠다.

1. 군중의 충동성, 가변성 및 조급증

군중의 근본적인 특성을 연구할 때 나는 군중이 거의 전부라고 할 수 있을 정도로 많은 이들이 무의식적 동기에 의해 인도된다고 했다. 군중의 행동은 뇌보다 척수의 영향을 훨씬 더 많이 받는다. 이런 점에서 군중은 확실히 원시적 존재들을 많이 닮았다. 실행이라는 측면에서는 군중의 수행된 행위가 완벽할 수 있다. 그러나 그 행위들은 뇌에 의해 지시되지 않았기 때문에 개인은 그들이 쉽게 노출되는 우연일 수 있는 자극 원인에 따라 행동한다. 군중은 외부의 자극 원인에 의해 좌우되며 그 원인의 끊임없는 변형을 반영한다. 군중은 그들이 느끼는 충동의 노예이다. 혼자인 개인은 군중 속에서의 개인과 같은 자극 원인에 노출될 수 있지만 그의 뇌가 그 자극 원인에 따라 행동하는 것이 바람직하지 못하다고 알려주기 때문에 그 행동을 삼가게 된다. 이러한 사실은 생리적으로 표현될 수 있는데, 홀로 있는 개인은 그의 반사적 행동을 지배하는 능력이 있으나 군중은 이 능력이 없다고 말할 수 있다.

군중이 굴복하는 다양한 충동은 그 충동의 자극 원인에 따라 관대해지거나 잔인해지거나 영웅적이거나 비겁해질 수 있다. 그러한 충동은 언제나 고압적이라서 개인의 이익, 심지어 자기 보존의 이익조차도 그러한 충동을 이겨 내지 못한다. 군중에게 작용할 수 있는 자극 원인은 매우 다양하고, 군중은 항상 그것에 순종하기에 결과적으로 군중은 극도로 가변적이다. 이 때문에 군중은 피에 굶주린 잔인함을 보이다가도 순식간에 최고로 관대하고 영웅다운 행동을 하기도 한다. 군중은 쉽게 사형집행자의 역할을 하기도 하지만 순교자의 역할 또한 어렵지 않게 행한다. 어떠한 신념이 승리하기 위해서는 엄청난 양의 피가 필요한데, 이를 제공하는 것도 군중이다. 신념을 지키기 위해 군중이 무엇을 할 수 있는지 보기 위해서 굳이 고대 영웅시대까지 거슬러 올라갈 필요는 없을 것이다. 또 군중은 봉기가 일어나면 목숨을 아끼지 않는다. 최근 갑작스레 인기를 얻게 된 장군*도 그가 내세운 명분을 위해 목숨을 바칠 준비가 된 사람들을 십만 명 정도는 쉽게 모을 수 있을 것이다.

따라서 군중이 미리 계획하고 행동하는 것은 불가능하다. 군중은 폭풍우가 휘몰아쳐 사방으로 흩어졌다가 다시 땅으로 떨어지는 나뭇잎과 같은 존재이다. 나중에 특정 혁명적 군중을 살펴볼 때 그들 정서의 가변성에 대한 몇 가지 예를 들 것이다.

이러한 군중의 가변성은 군중을 통제하기 매우 어렵게 만든다. 특히 어느 정도의 공권력이 그들의 손에 넘어갔을 때라면 더욱 그렇다. 일상생활의 필요가 일종의 보이지 않는 규제자 역할을 하지 않는다면 민주주의가 지속되기는 거의 불가능할 것이다. 군중들은 열광적으로 소망하는 것이 있지만 그 소망이 오래가지는 않는다. 군중은 의지력도 부족하고 오랫동안 사고하지도 않기 때문이다.

그렇다고 군중이 단지 충동적이고 가변적인 것만은 아니다. 야

---

* 조르주 에르네스트 불랑제(Georges Ernest Boulanger, 1837~1891)를 말한다. 불랑제는 프로이센·프랑스 전쟁(1870~1871) 중 프로이센군에 의해 파리가 포위되었을 때 파리를 방어한 프랑스 군대의 대대장이었다. 1880년대 후반, 그는 반독일 감정을 이용해 프랑스의 독재자가 되려고 했다. 그에게 처음으로 적용된 "말 위의 남자"라는 문구는 나중에 '선동가'의 동의어로 사용되게 된다(그는 말을 타고 연설했다).

만인처럼, 군중 또한 자신들의 욕망과 욕망의 실현 사이에 무엇이든 개입할 수 있다는 것을 인정할 준비가 되어 있지 않다. 사람의 수가 많다는 사실이 저항할 수 없는 힘의 느낌을 주기에 그러한 개입이 있을 수 있다고 이해할 수가 없는 것이다. 군중 속의 개인에게는 불가능하다는 개념이 없어진다. 홀로 있는 개인은 혼자서는 궁전에 불을 지르거나 상점을 약탈할 수 없다는 것을 충분히 잘 알고 있으며, 그렇게 하고 싶은 유혹을 받더라도 쉽게 저항할 수 있다. 그러나 군중의 일부인 개인은 대규모의 인파가 주는 힘을 의식하게 된다. 살인이나 약탈에 대해 암시만 해 주어도 그 개인은 유혹에 즉시 넘어간다. 예상치 못한 장애물이 나타나면 그는 그것을 광란의 분노로 파괴할 것이다. 인체가 격렬한 열정 상태를 영원히 품는 것을 허락한다면, 군중은 원하는 것을 갖지 못하도록 방해받았을 때에는 보통 그 격렬한 열정 상태에 있는 것이 정상이다.

우리 인간의 모든 정서의 변치 않는 원천을 구성하는 인종이라는 근본적인 특성은 군중의 조급증, 충동성, 가변성 등 우리가 살펴보아야 할 모든 군중 정서에 항상 영향력을 발휘한다. 모든 군중은 의심할 여지 없이 항상 충동적이고 조급하나 군중마다 정도의 차이는 매우 크다. 예를 들어 라틴계와 앵글로·색슨계 군중은 눈에 띄게 다르다. 프랑스 역사상 가장 최근의 사실들이 이 점을 생생하게 보여준다. 25년 전, 한 대사에게 모욕감을 준 것으로 추정되는 전보가 공개되었다는 사실만으로도 군중의 분노가 폭발하기에 충분했고, 곧바로 끔찍한 전쟁*이 일어났다. 몇 년 후

---

* 프로이센·프랑스 전쟁(1870~1871)이다.

랑손*에서 소규모 패전 소식이 전보로 알려지면서 군중에게 새로운 반향을 일으켰고, 이것은 즉각적으로 정부를 전복시켰다. 같은 때에 하르툼**으로 향하는 영국 원정대가 좀 더 심각한 패전을 겪었다는 소식이 있었지만, 영국 군중은 약간 술렁이기만 했을 뿐 정부가 전복되는 일은 없었다. 어떤 군중이든 여성적인 특성 또한 가지고 있다지만 라틴계 군중이야말로 가장 여성스러운 특성을 가진다. 라틴계 군중을 믿는 사람은 누구라도 고귀한 운명에 빠르게 도달할 수 있지만, 그렇게 하는 것은 언젠가 죽게 될 사실을 알면서 로마 시대 사형 집행 장소였던 타르페이아 바위의 벼랑 끝을 끊임없이 맴도는 것과 같다.

2. 군중은 쉽게 믿고 쉽게 암시를 받는다

군중을 정의할 때, 나는 군중의 일반적인 특징 중 하나가 과도하게 암시를 받아들이는 것이라 했고, 암시가 얼마나 개인의 결합체인 군중에게 전염성이 있는지를 보여줬다. 이런 전염성은 군중의 정서가 특정 방향으로 빠르게 전환된다는 것을 설명해 준다. 군중은 무심한 상태로 보일지라도 대체로 기대를 가지고 주의를 집중

---

* 하노이 북동쪽, 지금은 중국과 가까운 베트남 북부에 있는 마을이다. 당시 이 지역은 프랑스령 인도차이나의 일부로, 프랑스에 의해 군사적으로 점령되고 경제적으로 착취당했던 곳이다.
** 수단의 한 도시로, 백나일강과 청나일강의 합류 지점에 위치한다. 마흐디의 군인들이 1885년 1월 26일, 오랜 포위 공격 끝에 도시를 점령했을 때 찰스 고든 장군과 많은 영국군이 이곳에서 전사했다(영국은 1884년에 이 도시를 점령했었다).

한 상태에 있기에 그들에게 암시를 주기가 쉽다. 첫 번째 만들어진 암시는 즉시 전염의 과정을 통해 군중의 뇌에 심어짐과 동시에 군중의 감정이 같은 방향으로 기울어진다.

암시의 영향을 받는 것은 모든 사람에게 해당하는데, 뇌에 들어온 생각은 즉시 행동으로 전이되는 경향이 있다. 왕궁에 불을 지르는 행위이든, 자기희생을 수반하는 행위이든 군중은 경중을 따지지 않고 쉽게 그 일에 가담한다. 행동으로 전이되는지를 포함한, 군중에게서의 모든 암시는 자극 원인의 성격에 달려 있다. 즉 홀로 있는 개인처럼 암시를 받아 하는 행위와 그 행위를 반대하는 이성적 이유 사이에서 고민하지 않게 되는 것이다.

결과적으로, 무의식의 경계선을 끊임없이 맴돌며 모든 암시에 쉽게 굴복하는 군중은 이성의 영향력에 호소할 수 없는 감정의 폭력에 쏠린 채, 아무런 비판 능력 없이 맹신하는 상태에 빠진다. 군중은 있을 법하지 않은 일은 존재하지 않는다고 생각한다. 가장 있을 법하지 않은 전설과 이야기가 조작되고 전파되는 것을 이해하려면 이러한 특징을 잘 염두에 둬야 한다.*

군중 속에서 쉽게 유포되는 전설이 만들어지는 것은 전적으로 그들의 극단적인 믿음의 결과만은 아니다. 이는 군중이 상상 속에서 사건을 엄청나게 왜곡한 결과이기도 하다. 가장 단순한 사건도 군중이 지켜보면 완전히 다른 사건으로 탈바꿈한다. 군중은 이미

---

* 파리 포위 공격을 겪은 사람들은 군중의 이런 맹신의 예를 수없이 보았다. 잠깐만 생각해 보아도 몇십 킬로미터 떨어진 곳의 촛불 빛을 본다는 것이 불가능함을 알 수 있음에도, 군중은 어느 건물 위층에 켜진 촛불을 보았다고 생각했고, 그것을 즉시 포위 공격자들에게 주어진 신호로 간주했다.

지로 사고하고, 그 이미지 자체가 즉시 일련의 다른 이미지를 불러오는데, 그 이미지들은 첫 번째 이미지와 아무런 논리적 연결이 없다. 어떤 사실을 머릿속에 떠올렸을 때 종종 공상적인 관념들이 연속해서 생각나는 경우를 생각하면 우리는 이 상태를 쉽게 이해할 수 있다. 우리의 이성은 이러한 이미지에 일관성이 없음을 안다. 하지만 군중은 이러한 진실에 눈을 두지 않아 왜곡된 상상이 그 위에 덧붙이는 것들과 실제 사건을 혼동한다. 관찰된 사실과 매우 먼 관계에 있는 경우가 대부분인데도 군중은 마음속에서 떠오르는 이미지를 실제처럼 받아들인다.

군중을 구성하는 개인들의 기질은 매우 다르므로 군중이 목격하는 어떤 사건이든 그것을 왜곡하는 방식은 무수히 많으며 서로 다를 것 같다. 그러나 꼭 그렇지는 않다. 전염의 결과로 왜곡들은 같은 종류가 되며 군중 속 모든 개인에게는 같은 모양이 된다.

군중 속 개인 중 한 명이 처음으로 왜곡한 진실이 전염성 있는 암시의 시작점이다. 성 게오르기우스가 예루살렘 벽에 나타나 모든 십자군 병사에게 발견되기 전에는 그는 분명 우선 그중 한 명의 눈에만 인식되었을 것이다. 한 사람이 발견한 기적이 암시와 전염의 힘으로 즉시 모두에게 받아들여진다.

역사상 빈번했던 집단 환각의 작동 방식이 항상 이러하다. 수천 명의 사람들이 관찰한 현상들이기에 그 진정성이 인정된 환각인 것이다.

앞서 말한 집단 환각과 싸우기 위해서는 군중을 구성하는 개인들의 정신적 자질을 고려하면 안 된다. 개인들이 군중을 형성하는 순간 배운 사람이든 무식한 사람이든 똑같이 제대로 된 관찰을 할 수 없게 된다. 이 논지는 역설적으로 보일 수 있다. 그것을 증명하려면 의심할 여지 없이 많은 역사적 사실을 조사해야 할 것이며, 몇 권의 책만으로는 충분하지 않을 것이다.

그래도 독자들에게 증거 없는 주장을 한다는 인상을 남기고 싶지 않기 때문에 인용될 수 있는 엄청나게 많은 예시 중 몇 가지를 되는대로 골라보겠다.

다음 사실은 가장 전형적인 것 중 하나로, 가장 무지한 사람부터 고등교육을 받은 사람까지 모든 종류의 사람들로 구성된 군중이 빠지는 집단 환각 중에서 고른 것이다. 해군 중위였던 줄리언 펠릭스가 그의 저서 《해류》에서 언급한 내용과 우연히도 일치하며, 이전에 《과학비평》 잡지에서도 인용된 바 있다. 프리깃함 벨폴호는 격렬한 폭풍으로 조난된 순양함 르 베르소호를 찾기 위해 바다를 항해 중이었다. 해가 쨍쨍한 대낮이었다. 갑자기 파수병이 파손된 배를 발견했다는 신호를 보냈다. 선원들은 신호가 울리는 방향을 바라봤고, 장교와 선원들은 모두 조난신호를 보내는 사람들이 탄 배를 분명히 인식했다. 그러나 이것은 집단 환각에 불과했다. 데포세 제독은 난파된 선원들을 구조하기 위해 구명정을 내렸다. 목격된 물체에 가까워졌을 때 배에 탑승한 선원과 장교들은 "손을 뻗고 움직이는 많은 사람을 보았고, 다수의 사람이 내는 둔하고 혼란스러운 소음을 들었다."라고 했다. 그러나 그 물체에 마침내 도착했을 때 그들이 발견한 것은 근처 해안에서 휩쓸려 온 나뭇잎으로 덮인 나뭇가지 몇 개가 전부였다. 너무도 뚜렷한 증거 앞에서 환각은 사라졌다.

이 예가 우리가 설명한 종류의 집단 환각의 작동 방식을 잘 보여준다. 한편으로는 기대에 차서 주의를 기울이는 군중이 있고, 다른 한편으로는 난파한 배에 대해 신호를 보내는 파수병의 암시가 있었는데, 그 암시가 전염 과정을 통해 그곳에 있던 사람들, 장교와 선원 모두에 의해 받아들여진 것이다.

눈앞에서 일어나는 일을 보는 능력이 파괴되고, 실제 사실이 아무 상관 없는 환각으로 대체되는 데에는 군중의 수가 많을 필요도 없다. 단지 몇 명의 개인이 모이기만 해도 그들은 군중을 구성하게 되며, 심지어 그들이 저명한 학자일지라도 자신의 전문 분야를 벗어난 문제와 관련해서는 그들은 곧 군중의 보편적 특성을 띠게 된다. 그러면 그들 각자가 개인적으로 지닌 관찰 능력과 비판 정신은 한꺼번에 사라진다. 영국의 심리학자인 그레이엄 데이비는 최근 심리학 연보에 매우 흥미로운 예를 들어 주고 있는데, 이는 지금 이야기하는 것과 충분한 관련이 있다. 데이비는 가장 유명한 영국 과학자 중 한 명인 월리스를 포함한 저명한 과학자들을 모아 관찰자 실험을 했다. 그들에게 물건들을 검토하고 원하는 곳에 인장을 찍게 한 후, 그들 앞에서 그 물건들과 관련하여 영혼이 살아 움직인다든지 또는 석판에 저절로 글씨가 써진다든지 하는 등의 모든 그럴듯한 영적 현상을 보여주었다. 그러고 나서 데이비는 이 저명한 관찰자들로부터 방금 본 현상이 초자연적인 방법으로만 얻을 수 있었다는 것을 인정하는 서면 보고서를 받아낸 후 실은 매우 간단한 속임수의 결과였다고 밝혔다. 데이비의 실험에 관해 쓴 저자는 이렇게 말했다.

"데이비의 실험에서 가장 놀라운 점은 속임수 자체가 경탄할 만한 게 아니라, 아무것도 모른 채 관찰을 한 사람들이 자신들이 본

것에 관해 쓴 보고서의 내용이었다. 아무리 많은 수의 목격자라도 완전히 잘못된 정황 관계를 제시할 수 있는 건 맞지만 목격자들이 자신들이 쓴 보고서에서 설명한 현상은 속임수라고 하기에는 납득이 가지 않는 사실이었다. 데이비가 발명한 방법은 너무 간단해서 그 방법을 쓴 대담함에 놀랄 만하다. 그러나 그는 군중이 보지 않은 것을 보았다고 느끼게 설득할 만큼 군중의 정신세계에 힘을 발휘했다." 여기서도 언제나 그렇듯이 우리는 최면술사가 최면에 걸린 사람에 대해 갖는 힘을 확인할 수 있다. 더욱이, 처음부터 속아 넘어가지 않겠다고 마음먹은 우월한 정신의 소유자들에게조차 이 힘이 발휘되는 것을 볼 때, 평범한 군중을 속이는 게 얼마나 쉬운 일인지 이해할 수 있을 것이다.

이와 비슷한 사례는 많다. 이 글을 쓰고 있는 지금, 신문은 센강에서 익사체로 발견된 두 소녀의 사건 이야기로 가득하다. 우선 이아이들은 여섯 명의 목격자에 의해 발견되었는데, 그들은 죽은 아이들의 신원을 너무도 확실하게 확인해 주었고 수사 담당 판사에게 제출한 모두의 진술이 의심의 여지가 없을 정도로 완전히 일치했다. 그래서 그는 사망진단서를 작성했고, 아이들의 장례를 막 진행하려던 찰나 우연한 기회로 사망자로 진단된 아이들이 실제로는 살아 있다는 속보가 전해졌다. 게다가 장례를 치르려는 두 아이는 살아 있는 그 아이들과 전혀 닮지조차 않았다. 앞에 인용된 몇 가지 예에서와 같이, 착각에 사로잡힌 첫 번째 목격자의 확언은 다른 증인들에게 영향을 미치기에 충분했다.

비슷한 상황에서 군중 암시의 시작점은 항상 다소 모호한 기억 탓에 개인에게 생성된 착각이며 이러한 최초의 착각을 확언하게 되면 전염이 따른다. 첫 번째 관찰자가 매우 쉽게 외부의 영향을 받는 사람이라면 그가 신원을 확인했다고 믿은 시체는 실제로 닮았느냐에 상관없이 흉터나 몸단장 같은 특징만으로도 어떤 사람을 떠올리기에 충분할 것이다. 그렇게 떠오른 생각은 이해의 세계를 떠나 모든 비판적 능력을 마비시키는, 일종의 결정화 작용의 핵심이 될 수 있다. 그러면 관찰자가 보는 것은 더 이상 대상 자체가 아니라 그의 마음속에 떠오르는 이미지이다. 이런 식으로 이미 오래된 사건이지만 최근 신문들에서 다시 다루는, 어머니조차 자신의 죽은 아이들 얼굴을 알아보지 못한 다음 사례가 이해된다. 여기에서는 방금 작동 방식을 지적한 두 가지 종류의 암시를 정확히 추적해야 한다.

"그 아이는 다른 아이가 누구인지 알아보았지만 실은 착각이었다. 그 후 일련의 보증되지 않은 신원 확인이 시작되었다. 그리고 정말 예외적인 일이 일어났다. 다음 날 한 남학생이 그 시체가 누구라고 확인하자, 한 여자가 '맙소사, 내 아이예요!'라고 외친 것이다. 그 여자는 시신에 다가가 옷을 살펴봤고, 이마에서 흉터를 발견했다. 그녀는 이렇게 말했다. '확실히 지난 7월에 실종된 제 아들이에요. 그 아이는 유괴되어 살해당한 겁니다.'"

그 여자는 푸르 거리에서 일하는 안내원이었고 이름은 샤방드르였다. 그녀의 시동생이 소환되었고, 질문을 받았을 때 그는 "저 애는 필리베르예요."라고 말했다. 그 거리에 사는 여러 사람이 빌레트에서 발견된 아이의 시체를 필리베르 샤방드르로 알아보았는데, 그중 한 명은 그 소년의 학교 교사였고, 그는 소년이 차고 있던 메

달을 근거로 그의 의견을 제시했다.

그럼에도 이웃, 삼촌, 학교 선생님, 어머니까지 모두가 착각한 것이었다. 6주 후 아이의 신원이 밝혀졌고, 보르도에 살던 이 소년은 그곳에서 살해된 후 운송 화물에 실려 파리로 옮겨진 것이었다.*

이러한 잘못된 신원 인식이 대부분 여성과 어린이, 즉 정확히 말하면 외부 영향을 매우 쉽게 받는 사람들에 의해 이루어진다는 것은 주목할 만하다. 또한 법정에서 그러한 증인들이 하는 증언의 가치에 대해 생각하게 해 준다. 특히 어린이들을 증언을 위해 법정에 부르는 일은 없어야 할 것이다. 치안판사들은 아이들은 거짓말하지 않는다고 반복해서 말하곤 한다. 그러나 심리학 문화에 대해 기본적 지식을 조금이라도 가진 사람이라면 아이들이 시도 때도 없이 거짓말을 한다는 사실을 알 것이다. 물론 아이들의 거짓말에 악의는 없으나 거짓말은 거짓말이다. 자주 그래 왔듯 어린아이의 증언으로 피고인의 운명을 결정하는 것보다는 동전 던지기로 결정하는 것이 더 낫다.

군중이 가진 관찰의 능력으로 다시 돌아가 보면, 우리는 그들이 집단으로 행하는 관찰은 대부분 오류이며, 단지 전염 과정을 통해 동료들에게 전해지는 개인의 착각에 불과하다는 결론을 내릴 수 있다. 군중이 말하는 증거는 완전히 믿을 수 없다고 증명하는 사실은 수도 없이 많다. 25년 전 스당 전투**에서 수천 명의 사람

---

* 《에끌레르(L'Eclair)》지, 1895년 4월 21일 자.
** 스당 전투[Battle of Sedan]: 프랑스 북동부의 스당에서 프로이센 군대가 1870년 9월 1일 프랑스군을 격파하고 나폴레옹 3세를 생포했다. 그 결과 프로이센이 전쟁에서 승리하고 제3공화국이 프랑스 제국을 대체했다(제1차 세계대전에서 독일군은 스당에서 다시

들이 그 유명한 기병 돌격에 참여했다. 그런데도 참가한 사람들의 증언이 너무도 모순되어 아직도 그 돌격을 누가 지휘했는지 알 수가 없다. 영국의 장군 울즐리 경은 최근 저서에서 지금까지 일어난 사실 오류 중 가장 심각한 것은 워털루 전투의 가장 중요한 사건들과 관련되어 있다고 증명했다. 그럼에도 그것은 수백 명의 목격자가 증언한 사실로 여겨졌다.[*]

이러한 사실은 군중이 증언하는 것이 과연 가치가 있는 것인지를 생각하게 해 준다. 논리에 관한 논문들은 사실의 정확성을 뒷받침하기 위한 가장 강력한 증거들의 범주에 수많은 증인의 만장일치를 포함한다. 그러나 군중의 심리에 대해 우리가 알고 있는 바에 따르면 논리에 관한 논문들은 이 시점에서 다시 작성되어야 한다. 가장 의심스러운 사건들은 가장 많은 사람이 확실하게 관찰했다는 사건들이다. 어떤 사실이 수천 명의 증인에 의해 동시에 확인되었다는 것은 일반적으로 실제 사실이 목격자들이 받아들인 것과는 매우 다르다는 것을 의미한다.

프랑스군을 물리쳤다).

[*] 단 하나의 전투라도 우리가 그것이 어떻게 일어나게 되었는지 정확히 알 수 있을까? 그렇지 못할 것이다. 그저 정복자와 피정복자가 누구였는지를 아는 정도가 다이다. 군인 다르쿠르가 자신이 목격하고 또 참전했던 솔페리노 전투에 대해 한 말은 비단 그 전투뿐 아니라 모든 전투에 적용될 수 있을 것이다. 그는 "장군들(목격자 수백 명의 증언을 토대로 정보를 얻어)이 공식 보고서를 써 전달하고, 연락 장교들은 이 문서들을 수정하여 확실한 최종 보고서로 만든다. 그러면 참모총장이 이의를 제기하고 전체를 새롭게 다시 작성한다. 이 문서는 원수에게 전달되고 원수는 그것을 보더니 이렇게 말한다. '완전히 잘못 알고 있군.' 그러면서 보고서를 새롭게 다시 쓴다. 즉 원래 보고서의 내용은 거의 남아 있지 않게 되는 것이다."라고 말한다. 다르쿠르는 이러한 사실이 가장 충격적이며, 잘 관찰된 사건들과 관련하여 우리가 그 진실을 규명하는 것이 불가능함을 증명해 준다고 말했다.

그러므로 역사 작품은 순수한 상상력에서 나온 작품으로 간주해야 한다는 결론이 나온다. 역사 작품들은 제대로 관찰되지 않은 것들에다 나중에 설명을 붙인 공상적인 이야기들이다. 그런 책들을 쓴다는 것은 완전한 시간 낭비이다. 물론 과거가 우리에게 문학이나 예술처럼 기념비적인 작품을 남기지 않았다면 우리는 지난 시대에 관해 실제 아무것도 알지 못했을 것이다. 우리는 헤라클레스, 부처, 마호메트 등 인류 역사에서 중요한 역할을 한 위인들의 삶에 관해 한 가지라도 진실을 알고 있을까? 아마도 그렇지 않을 것이다. 더구나 그들의 실제 삶은 우리에게 별로 중요하지도 않다. 우리의 관심은 그들이 아니라 민간설화에 등장하는 위인들이 어떤 사람이었나 하는 것이다. 즉 잠깐의 실제 영웅이 아니라 군중의 마음을 감동하게 만든 전설적인 영웅이라는 점이 중요하다.

안타깝게도 전설은 책으로 확실히 기록되어 있더라도 그 자체로 유지되지 못한다. 군중의 상상력은 시간이 흐르면서, 특히 인종적 원인으로 인해 끊임없이 전설을 변화시킨다. 구약의 피로 물든 여호와와 성녀 테레사의 사랑의 신 사이에는 큰 차이가 있고, 중국에서 숭배하는 부처는 인도에서 숭배하는 부처와 공통점이 없다. 영웅 전설이 군중의 상상력에 의해 변형되기 위해서는 어느 정도의 시간이 필요한데, 그렇더라도 그 영웅이 굳이 수 세기 전 사람이어야 할 필요는 없다. 변형은 몇 년 안에도 수시로 일어나기 때문이다. 우리 시대에는 역사상 위대한 영웅 중 한 명의 전설이 50년도 채 되지 않은 시간에 여러 번 변형되는 것을 봐 왔다. 부르봉 왕조하에서는 나폴레옹이 일종의 목가적이고 자유주의적인 자선가로서, 시인들에 따르면 허름한 오두막에서 오랫동안 기억

될, 겸손한 자들의 친구로 여겨졌다. 그로부터 30년 후, 이 소탈한 영웅은 권력을 찬탈하고 자유를 파괴하였으며, 오로지 자신의 야망을 채우기 위해 300만 명을 학살한 피비린내 나는 독재자가 되었다. 현재 우리는 그 전설이 또다시 변형되는 것을 목도하고 있다. 수십 세기에 걸쳐 영향을 받은 이 모순된 기록을 마주하며 미래의 지식인들 일부가 부처의 존재를 의심하는 것과 마찬가지로 나폴레옹이라는 영웅의 존재 자체도 의심할 것이다. 어쩌면 태양 신화 또는 헤라클레스의 전설이 발전한 정도로만 나폴레옹을 볼지도 모른다. 그들은 의심할 여지 없이 이 불확실성에 대해 자신을 쉽게 위로할 것이다. 군중의 특성과 심리에 대해 오늘날 우리보다 더 잘 알게 되면 그들은 역사가 신화를 제외하고는 기억을 거의 간직하지 못함을 알게 될 것이기 때문이다.

3. 군중 정서의 과장과 단순성

군중이 나타내는 감정이 좋든 나쁘든, 군중은 매우 단순하면서도 매우 과장된 두 가지의 특성을 함께 보인다. 이 점에서 다른 많은 사람과 마찬가지로 군중 속의 개인은 원시적 존재와 닮았다. 세밀한 부분에는 다가가지 못한 채, 개인은 전체를 뭉뚱그려서 사태를 보고, 중간 단계는 보지 못한다. 군중이 때때로 보이는 과장은 어떤 감정이 일단 드러나면 암시와 전염의 과정을 통해 매우 빠르게 전달된다는 사실에 의해 더욱 고조된다. 그뿐만 아니라 그러한 감정의 목표인 분명한 동의는 과장의 힘을 상당히 증가시킨다.

군중의 감정이 때때로 단순하며 과장되는 것은, 군중이 의심도 하지 않고 불확실성에 대해 생각하지도 않는 결과를 낳는다. 여성과 마찬가지로 군중은 한 번에 극단으로 치닫는다. 의심은 드러나는 즉시 논란의 여지가 없는 증거로 변모한다. 홀로 있는 개인에게서는 힘을 얻지 못하는 반감이나 혐오의 시작은 군중 속에 있는 개인의 경우 단번에 격렬한 증오로 변해 버린다.

군중의 폭력성은 특히 이질적인 군중에서 증가하는데, 그 이유는 책임감이 없기 때문이다. 자신은 책임을 면할 수 있다는 생각은 군중의 수가 많을수록 더 강해진다. 그리고 숫자가 많을 때 순간적으로 그들이 느끼는 힘은 상당한 것이어서 개인이 홀로 있을 때 보여주지 못하는 감정과 행동을 군중 속에서는 표출할 수 있다. 홀로 있을 때 어리석고 무지하고 시기하던 사람도 군중 속에서는 자신의 무의미함과 무력감에서 해방된다. 잔인하고 일시적일지라도 어마어마한 힘을 갖는다는 관념에 사로잡히는 것이다.

안타깝게도 이러한 군중의 과장된 경향은 종종 나쁜 정서를 불러일으킨다. 이러한 정서는 원시인들의 본능으로부터 온 잔재이다. 처벌에 대한 두려움 때문에 책임감 있는 개인은 홀로 있을 때 이러한 본능을 억제하지만, 군중 속에 있을 때에는 너무 쉽게 최악의 극단으로 빠지게 된다.

그렇다고 해서 그렇게 교묘하게 영향을 받는 군중이 영웅적인 또는 헌신적인 행동을 하는 게 불가능하고 높은 미덕을 실천하지 못한다는 것은 아니다. 군중은 이러한 자질들을 홀로 있는 개인보다 훨씬 더 잘 보여줄 수도 있다. 군중의 도덕성을 살펴볼 때 우리는 이 문제에 대해 다시 언급할 기회가 있을 것이다.

감정이 과장되면 군중은 오직 지나친 감정에만 영향받는다. 군중을 감동시키려고 하는 연설자는 폭력적인 확언을 남용해야 한다. 과장하고, 단언하고, 자꾸 반복해야 하며, 논리로 증명하려는 행위는 절대 피해야 한다. 이것이 공공 회의에서 연사들에게 잘 알려진 논증의 방법이다.

게다가 군중은 영웅도 똑같이 과장된 감정을 갖도록 요구한다. 영웅의 명백한 자질과 미덕은 항상 증폭되어야 한다. 무대에서 관중은 작품 속의 영웅에게 어느 정도의 용기, 도덕성, 그리고 현실에서는 결코 찾아볼 수 없는 미덕을 요구한다고 말하면 정확할 것이다.

극장, 즉 군중 속에서 문제를 바라보는 특별한 관점은 매우 중요하다. 그러한 관점은 분명 존재하지만, 대부분은 상식이나 논리와는 아무 관련이 없다. 군중에게 호소하는 기술은 의심할 여지 없이 열등한 능력이지만 꽤 특별한 적성을 요구한다. 연극의 대본만 읽고 그 연극의 성공을 설명하는 것은 거의 불가능하다. 연극 상연 요청을 수락할 때 극장 경영자들은 대체로 작품 자체의 성공에 대해 매우 불확실하다. 왜냐하면 그 문제를 판단하기 위해서는 그들이 관중, 즉 군중으로 변신할 수 있어야 하기 때문이다.*

---

* 이러한 이유로 때때로 모든 극장 경영자가 거부한 작품이 우연한 기회로 무대에 올려졌을 때 엄청난 성공을 거두는 경우를 이해할 수 있다. 프랑수아 코페의 연극 〈왕위를 위하여〉가 최근에 성공한 것은 잘 알려졌지만, 이 작품은 희곡 작가의 이름이 잘 알려졌음에도 10년 동안 파리의 주요 극장 경영자들에 의해 거부됐다. 모든 극장에서 거절당한 〈찰리의 이모〉는 마침내 주식 중개인의 돈으로 무대에 올려졌고, 프랑스에서 200회, 런던에서는 1,000회 이상 상연되었다. 앞에서 언급한 대로, 극장 경영자처럼 중대한 실수를 저지르지 않으려고 노력하는 유능한 사람들이 어떻게 그런 판단에

여기서 다시 한번 우리는, 더 광범위한 설명을 위해 인종이라는 요소가 압도적인 영향을 가진다는 것을 알아야 한다. 한 나라에서 관객의 열정을 불러일으키는 연극이 다른 나라에서는 성공하지 못하거나 오직 부분적, 의례적인 성공에 그치기도 한다. 왜냐하면 완전히 다른 관중에게 작용할 영향력이 없기 때문이다.

군중 속에서 감정이 과장되는 경향이 있지만 지성에서는 그렇지 않다고 굳이 덧붙일 필요는 없을 것 같다. 나는 이미 개인이 군중의 일부를 구성한다는 단순한 사실만으로도 그의 지적 수준은 즉시 그리고 상당히 낮아진다는 것을 이미 보여주었다. 저명한 타르드 판사도 군중의 범죄에 관한 그의 연구에서 이 사실을 입증했다. 그렇다면 군중은 감정에 있어서만 매우 높은 수준으로 올라가거나 반대로 매우 낮은 수준으로 내려갈 수 있다.

4. 군중의 편협함, 독재성, 보수성

군중은 단순하고 극단적인 감정만 인식한다. 그들에게 암시된 의견, 사고 및 신념은 전체적으로 받아들여지거나 거부된다. 그들은 그것을 절대적인 진리 혹은 절대적인 오류로 간주한다. 신념의 경우 항상 그렇듯이 이성에 의해 만들어지는 것이 아니라 암시의 과정에 의해 유도된다. 종교적 신념에는 항상 편협성이 따라오며,

---

서 실수할 수 있는지는, 정신적으로 관중의 입장이 되어 보지 않았다는 것 말고는 설명할 방법이 없다. 이 주제는 내가 여기서 다룰 수는 없으나, 프랑시스크 사시 같은 연극에 관련된 문제들에 익숙한 작가나 교묘한 심리학자라면 다루어 볼지도 모른다.

종교적 신념이 얼마나 독재적으로 인간의 정신세계를 지배하는지는 모든 사람이 알고 있다.

무엇이 진리인지 오류인지에 대해 의심하고, 다른 한편으로는 그 힘에 대해 명확히 알고 있을 때, 군중은 편협성을 띠기에 그들이 받는 영감에 권위를 부여하려는 경향이 있다. 개인은 반대 의견과 논의를 받아들일 수 있지만 군중은 결코 그렇게 하지 않는다. 공개회의에서 연설자가 조금이라도 반대 의견을 보이면 군중은 즉시 분노로 고함지르며 격렬한 욕설을 퍼부을 것이고, 그래도 연설자가 주장을 고수하면 이내 주먹이 날아오고 연설자는 연단에서 쫓겨난다. 권위를 가진 대표자들이 말리지 않는다면 연설자가 죽어 나갈 수도 있을 것이다.

독재와 편협은 모든 종류의 군중에게 공통으로 나타나지만, 그 강도는 군중에 따라 다양하다. 여기서 다시 한번 인간의 모든 감정과 생각을 지배하는 인종이라는 근본적인 개념이 다시 나타난다. 특히 라틴계 군중에서 권위주의와 편협함이 가장 심하게 발달한 것으로 나타났다. 실제로 라틴계 군중의 권위주의와 편협성은 앵글로·색슨족이 보이는 매우 강력한 개인적 독립성에 대한 정서를 완전히 파괴할 정도로 발전했다. 라틴 군중은 단지 그들이 속한 종파의 집단적 독립성에만 관심이 있다. 그리고 그들이 가진 독립성 개념의 특성은 자신들과 의견이 일치하지 않는 사람들을 즉각적이고 폭력적으로 그들의 신념에 복종하게 하려는 욕구이다. 라틴 종족 중 특히 자코뱅은 종교재판 시대의 도미니크회 수도사들 이후로 어느 시대에도 독립성에 대한 더 나은 다른 개념을 얻을 수 없었다.

권위주의와 편협성은 군중이 매우 명확히 알고 있는 정서이며, 일단 그 정서들이 불러일으켜지기만 하면 군중은 쉽게 그것들을 품고 실천에 옮긴다. 군중은 힘에 대해서는 유순하게 굴며 존중한다. 하지만 그들에게는 나약함의 한 형태에 지나지 않는 친절에 대해서는 별로 감동하지 않는다. 그들은 결코 온순한 주인에게는 동조하지 않으며 그들을 강력하게 억압하는 폭군에게만 동조해 왔다. 그들이 높은 동상을 세우는 것은 폭군을 위해서이다. 군중이 폭군의 권력을 박탈하고 기꺼이 짓밟는 것도 사실이지만, 그것은 그가 힘을 잃고 연약한 사람으로 돌아갔기에 그저 멸시할 대상이지 두려워할 존재가 아니라고 생각하기 때문이다. 군중이 사랑하는 영웅의 유형은 언제나 율리우스 카이사르 같은 모습이다. 그의 휘장은 군중을 끌어들이고, 그의 권위는 군중을 압도하며, 그의 검은 군중에게 두려움을 심어 준다.

　군중은 언제나 나약한 자에게 반란을 일으킬 준비가 되어 있고, 강력한 권위 앞에 굴복할 준비가 되어 있다. 권위의 힘이 간헐적으로 행사되면, 항상 극단적 정서에 복종하는 군중은 무정부 상태에서 노예 상태로, 노예 상태에서 무정부 상태로 오락가락하게 된다. 나폴레옹이 모든 자유를 제압하고 철권정치를 했을 때 환영한 사람들도 가장 순종적이지 않고 오만한 종족인 자코뱅파였다.

　특히 군중의 심오한 보수적 본능을 충분히 고려하지 않으면 역사, 특히 대중 혁명을 이해하기 어렵다. 군중은 그들의 제도에 대해 다른 이름을 붙이고 싶어 할지도 모르며 때로는 폭력적인 혁명마저 일으켜 이름을 바꾸려 한다. 그러나 이러한 제도들의 본질은 해당 인종의 유전적 요구에 대한 강한 표현이기에 그 인종은 결국 언제나 그 제도를 따를 수밖에 없다. 군중의 끊임없는 변심은 오직 피상적 문제에만 영향력을 발휘한다. 사실, 군중이 지닌 보수적 본능은 모든 원시 존재들의 본능만큼이나 파괴하기 어렵다. 전통에 대한 군중의 숭배에 가까운 존중은 절대적이다. 삶의 본질적 조건들을 변화시킬 수 있는 새로운 것들에 대한 군중의 무의식적 두려움은 매우 뿌리가 깊다. 만약 방직기가 발명되고 증기기관과 철도가 도입되던 시기에도 민주주의가 오늘날처럼 힘을 가지고 있었다면, 이러한 발명품들의 실현은 불가능했거나 혁명과 반복되는 학살의 대가를 치러야만 얻어졌을 것이다. 과학과 산업의 위대한 발견이 이루어진 후에야 군중의 힘이 비로소 생겨나기 시작한 것은 문명의 진보에는 다행스러운 일이다.

5. 군중의 도덕성

'도덕성'이라는 단어가 특정 사회적 관습을 지속해서 존중하고 이기적인 충동을 영구적으로 억압하는 것을 의미한다고 생각하면, 군중은 너무 충동적이고 변덕이 심해 도덕적일 수 없다는 게 분명하다. 하지만 자제, 자기희생, 청렴, 헌신, 그리고 형평성의 필요와 같은 특정 자질이 일시적으로 드러나는 것도 도덕성이라는 용어에 포함한다면 우리는 반대로, 군중이 종종 매우 고귀한 도덕성을 보인다고 말할 수 있다.

군중을 연구한 몇몇 심리학자들은 군중을 범죄행위의 관점에서만 연구하여 군중이 얼마나 자주 범죄를 저지르는지 알아내고는 군중의 도덕적 기준이 매우 낮다는 결론에 도달했다.

군중의 범죄행위는 의심할 여지 없이 때때로 발생한다. 그 이유는 무엇일까? 이유는 간단하다. 우리의 야만적이고 파괴적인 본능은 원시시대부터 우리 모두에게 남아 있는 유산이기 때문이다. 홀로 있는 개인의 삶에서 이러한 본능을 충족시키는 것은 위험할 수 있지만, 무책임한 군중 속에 흡수되어 결과적으로 책임을 면할 수 있게 되면 개인은 본능을 따를 완전한 자유를 얻는다. 평범한 상황에서는 이러한 파괴적인 본능을 같은 인간에게 행사할 수 없으므로 우리는 동물에게만 이 본능을 행사하도록 자신을 제한한다. 인간에게 있는 이러한 사냥과 사나운 행동에 대한 열망은 본능에서 비롯한 것이다. 그래서 무방비 상태의 희생자를 천천히 학살하는 군중은 매우 비겁한 잔인성을 보여준다. 철학자의 눈에는 이 잔인함이 사냥꾼들이 수십 명씩 모여서 사냥개를 데리고 불쌍한 사슴을 쫓아 죽이는 것을 즐기는 것과 비슷한 것으로 보인다.

군중은 살인과 방화 및 모든 종류의 범죄에 대해 유죄를 선고받을 수 있지만, 또한 헌신과 희생, 청렴 등 홀로 있는 개인이 할 수 있는 것보다 훨씬 고귀한 행동을 할 수도 있다. 영광, 명예, 애국심의 정서에 호소하는 것은 특히나 군중의 일부를 구성하는 개인에게 영향을 미치며, 종종 그의 목숨을 희생하는 것마저도 가능하게 한다. 십자군이나 프랑스혁명의 의용군들처럼 역사에는 이와 유사한 사례가 많다. 모여 있을 때에는 사심 없이 헌신하는 위대한 일이 가능하다. 자신들이 거의 이해하지 못했던 신념, 사상, 구호를 위해 영웅적으로 죽음에 맞선 군중이 얼마나 많은가! 파업에 참여하는 군중 속 개인은 교대 근무로 버는 적은 임금을 올려 보려는 것보다 어떤 명령에 복종하기 때문에 그렇게 행동한다. 개인적 이익은 홀로 있는 개인의 행동을 움직이는 거의 유일한 동기이지만 군중을 움직이는 강력한 동기가 되는 경우는 드물다. 수많은 전쟁에서 군중을 이끈 것은 분명 사적 이기심이 아니다. 그렇기에 군중이 그들의 지능으로는 이해할 수 없는 전쟁에 참여하면 사냥꾼의 거울에 최면이 걸린 종달새처럼 쉽게 학살당하는 것이다.

절대적인 악당들도 단지 그들이 모여서 군중을 이루었다는 사실만으로 그들에게 매우 엄격한 도덕 원칙이 순간적으로 부여되는 경우가 종종 있다. 텐은 9월 대학살*의 가해자들이 희생자들에게서 발견한 돈지갑과 보석들을 위원회의 테이블에 올려놓았다는 사실에 주목한다. 군중이 그것 중 하나라도 갖거나 팔았다면 오랜 기간 충분히 잘 먹고살 수 있었겠지만, 그들은 그것에 손대지 않음으로써 1848년** 혁명 당시 튀일리궁을 침입하여 울부짖고 소리치던 가난한 군중이라는 이미지에서 벗어날 수 있었다.

군중에 의해 개인에게 주어지는 이러한 도덕성은 확실히 일정한 규칙은 아니지만, 자주 관찰되는 규칙이다. 심지어 내가 방금 인용한 것보다 훨씬 덜 심각한 상황에서도 관찰된다. 심지어 열등한 사람들로 구성된 군중이라도 대체로 매우 신중한 모습을 보이는 것 또한 흔히 볼 수 있다. 난봉꾼, 뚜쟁이, 행동이 거친 사람들조차도 그들이 평소에 쓰는 말들에 비하면 전혀 해로운 것도 아니지만, 그럼에도 조금이라도 외설스러운 장면을 보거나 표현을 들으

---

* 프랑스혁명 중인 1792년.
** 1848년 2월, 루이 필리프 왕권이 파리 폭도들에 의해 전복되고 프랑스에 제2공화국이 수립되었다.

면 중얼거리며 비난하는 것이다.

그래서 군중은 종종 저급한 본능에 자신을 내맡기기도 하고, 때로는 고상한 도덕적 행동의 모범을 보이기도 하는 것이다. 만약 청렴, 체념, 터무니없는 이상 또는 실제에 대한 절대적인 헌신이 도덕적 미덕이라면, 가장 현명한 철학자들도 얻지 못한 이러한 미덕을 군중은 간혹가다 소유한다고 말할 수 있다. 의심할 여지 없이, 군중이 그것들을 무의식적으로 실천하는 것이라 해도 크게 상관은 없다. 우리는 군중이 이성보다 무의식으로 특별히 더 많이 움직인다는 점에 대해 너무 불평해서는 안 된다. 그들이 어떤 경우에서든 그들 눈앞의 이익만을 계산하고 추구했다면 지구상에서 어떤 문명도 발전하지 않았을 것이고 인류의 역사도 존재하지 않았을 것이다.

3장

군중의 생각, 이성적 사고, 상상력

1. 군중의 생각

   기본 생각과 부수적 생각 — 모순되는 생각이 동시에 존재하는 방법 — 고
   상한 생각이 군중에게 접근하기 전에 겪어야 하는 변화 — 생각의 사회적
   영향력은 그 생각이 담고 있을지 모를 진실의 정도와는 무관하다

2. 군중의 이성적 사고의 힘

   군중은 이성에 영향받지 않는다 — 군중의 이성은 항상 매우 열등한 수준
   에 있다 — 군중이 연관 짓는 생각에는 유추나 연속의 외형이 있을 뿐이다

3. 군중의 상상력

   군중의 상상력이 갖는 힘 — 군중은 이미지들로 생각하며 이러한 이미지들
   은 서로 아무 연결고리 없이 연속된다 — 군중은 특히 경이로운 것에 감명
   받는다 — 전설과 경이로운 것은 문명의 진정한 기둥이다 — 대중의 상상력
   은 항상 정치가들이 가진 힘의 토대였다 — 군중들의 상상력을 자극할 수
   있는 사실들이 나타나는 방식

1. 군중의 생각

이전 작품에서 생각이 국가의 진화에 어떤 역할을 하는지 연구할 때, 나는 모든 문명이 거의 새로워지지 않는 소수의 근본적인 생각의 결과물임을 보여주었다. 이러한 생각이 군중들의 머릿속에 어떻게 심어지는지, 그 과정이 얼마나 어려운지, 그리고 일단 심어졌을 때 그 생각이 갖게 되는 힘에 대해 보여주었다. 마지막으로 우리는 역사적으로 큰 격변은 대체로 이러한 근본적인 생각이 변한 결과임을 확인했다.

이 주제를 충분히 다루었으므로, 나는 더 언급하지 않고 군중이 접근할 수 있는 생각과 그들이 어떤 형태로 생각을 품게 되는지에 대해 몇 마디만 하겠다.

생각은 두 가지로 나눌 수 있다. 하나는 순간의 영향에 의해 만들어진 우연적이고 일시적인 생각이다. 예를 들면 어떤 사람을 떠올리거나 교리에 대한 열광 같은 것이다. 다른 하나는 근본적인 생각이다. 환경, 유전 법칙 및 여론은 매우 큰 안정성을 제공한다. 예를 들어 과거의 종교적 신념이나 오늘날의 사회적 이념, 그리고 민주주의 사상 등이 그것이다.

이러한 근본적인 생각은 서서히 흐르는 시냇물과 비슷하다. 일시적인 생각은 끊임없이 변화하는 작은 파도처럼 그 표면을 동요시키는 것으로, 실제적인 중요성은 없지만 시냇물 자체의 진행 상황보다 더 눈에 잘 띈다.

오늘날 우리 선조들의 주축이었던 위대한 근본 생각들이 점점 더 흔들리고 있다. 그 생각들은 모든 견고함을 잃었고, 동시에 그 생각들 위에 놓인 제도들도 심하게 흔들리고 있다. 날마다 내가 방금 말한 일시적인 사소한 생각들이 생겨난다. 그러나 언뜻 보기에도 그들 중 극소수만이 생명력을 부여받고 우월한 영향력을 행사할 것 같다.

군중에게 암시된 생각이 무엇이든 간에 그 생각은 매우 절대적이고 비타협적이며 단순한 모양을 띨 때에만 영향력을 행사할 수 있다. 그 생각은 이미지를 가장하여 나타나며, 대중은 이 형태를 통해서만 접근할 수 있다. 이러한 이미지와 같은 생각들은 논리적인 유추나 연속성을 통해 연결되지 않으며, 마치 영사기에서 하나씩 빼내면 다른 필름이 그 위에 놓이게 되는 슬라이드 필름처럼 각각의 생각이 서로의 자리를 대신할 수 있다. 이것은 군중 속에서 가장 모순적인 생각이 가장 유행하는 것으로 보이는 현상을 설명해 준다. 순간적 기회에 따라 군중은 자신들의 머리에 저장된 다양한 생각 중 하나의 영향을 받다가 결과적으로 이전과는 가장 다른, 이질적인 행동을 할 수 있다. 비판적 정신이 부재하다면 이러한 모순을 인지하지 못한다.

이 현상은 군중에게만 국한된 것이 아니다. 홀로 있는 개인들에게서도 자주 관찰된다. 원시인들뿐 아니라 뇌의 한쪽이 원시인과 비슷해져 가는 모든 사람의 경우, 예를 들어 열렬한 신앙 종파들에서도 이 현상이 나타난다. 나는 유럽 대학에서 교육받고 학위를 딴, 학식 있는 힌두교도들한테서도 신기할 정도로 이런 현상을 관찰할 수 있었다. 그들이 물려받은 불변하는 종교적, 사회적 근본 생각들 위에 많은 서구 사상이 덧씌워졌다. 상황에 따라 이런저런 일련의 생각들이 그들 고유의 행위나 발언들과 함께 나타났고,

이런 생각들의 교차 속에서 그들은 명백한 모순을 보였다. 이러한 모순은 그러나, 실제가 아니고 보이는 것일 뿐이다. 왜냐하면 홀로 있는 개인들을 행동하게 할 만큼 충분히 영향을 미칠 수 있는 것은 오직 유전적으로 물려받은 생각뿐이기 때문이다. 오직 서로 다른 인종이 혼합될 때 한 인간이 다른 유전적 성향 사이에 배치되어 매 순간 다른 행동을 하며 완전한 모순을 보인다. 이러한 현상은 비록 심리학적으로 중요하지만 여기서 주장하는 것은 의미가 없다. 이러한 것을 이해하려면 적어도 10년 정도는 여행을 다니며 관찰해야 할 것이다. 생각은 매우 단순한 형태를 가져야만 대중이 접근할 수 있으므로 이따금 가장 철저한 변신을 거쳐야 한다. 고귀한 철학적 또는 과학적 생각을 다룰 때 특히 그러한데, 그 생각들을 군중의 지능 수준으로 낮추기 위해 얼마나 광범위한 변형이 필요한지는 쉽게 알 수 있다. 이러한 변형은 군중의 성격이나 군중이 속한 인종에 따라 다르지만, 그 경향은 항상 축소되면서 단순화되는 방향으로 나아간다. 그 때문에 사회적 관점에서 볼 때, 실제로 생각에는 계층 구조와 같은 것은 거의 없다. 즉 생각의 위상이 높거나 낮다는 것은 없다. 아무리 위대하거나 진실한 생각이라도 그것이 군중의 지능 범위에 들어와 그들에게 영향력을 행사하게 되면, 그러한 사실만으로도 그 생각을 구성하는 거의 모든 고귀함과 위대함은 군중에게 빼앗겨 버린다.

또한, 사회적 관점에서 볼 때 생각의 본질적 가치인 위계적 가치는 중요하지 않다. 고려해야 할 점은 그것이 만들어 내는 효과이다. 중세의 기독교 사상, 지난 세기의 민주주의 사상, 또는 오늘날의 사회사상은 분명 그다지 고상한 것은 아니다. 철학적으로 볼 때 그것들은 다소 유감스러운 오류로만 간주될 수 있지만, 그 힘은 과거에도 그랬듯 앞으로도 엄청날 것이며 오랫동안 국가의 행동을 결정하는 가장 본질적인 요소 중 하나로 꼽힐 것이다.

우리는 다른 경우에서 그 다양한 과정을 살펴볼 것이지만, 군중이 접근할 수 있도록 생각이 변형된 경우라도, 생각이 그러한 과정들을 통해 무의식의 범위 안으로 들어가서 진정 하나의 정서가 될 때에만 그것은 영향력을 행사한다. 그리고 이를 위해서는 많은 시간이 필요하다.

어떤 생각이 교양 있는 사람들에게 효과적으로 작용했다고 해서 그 정당성이 입증되었다고 생각해서는 안 된다. 이 사실은 가장 분명한 논증이라도 대다수 사람이 그다지 잘 믿지 않는 것을 보면 금방 알 수 있다. 어떤 논증이 매우 분명하다면 교육받은 사람은 그것을 쉽게 인정할 수 있지만, 군중이 되어 생각의 전환을 겪은 사람이라면 무의식적인 자아에 의해 그 증거를 쉽게 인정하지 못할 것이다. 며칠이 지난 후에 그를 다시 만나면 그는 정확히 같은 용어로 자신의 오래된 주장을 새롭게 제시할 것이다. 그는 현실에서 이미 하나의 정서가 된 앞선 생각의 영향을 받고 있다. 우리의 행동과 발언에 더 심오한 영향을 미치는 것은 그렇게 정서가 되어 버린 생각뿐이다. 이는 군중이라도 마찬가지이다.

생각이 다양한 과정을 거쳐 군중의 마음속에 침투하면, 그 생각은 저항할 수 없는 힘을 가지며 그 생각에 반대하는 것은 무의미해지는 일련의 효과를 발휘한다.

프랑스혁명을 초래한 철학적인 생각이 군중들의 마음속에 심어지는 데 거의 한 세기가 걸렸다. 일단 뿌리내리면 그 생각은 저항할 수 없는 힘이 된다는 것을 우리는 알고 있다. 사회적 평등을 정복하고 추상적인 권리와 이상적인 자유를 실현하기 위한 온 국민의 노력에 모든 왕좌가 비틀거렸고 서구 세계는 뿌리 깊이 뒤흔들렸다. 20년 동안 민족 간 내전이 벌어졌고, 유럽은 칭기즈칸과 티무르 같은 사람도 겁먹었을 대학살을 목도했다. 세상은 하나의 생각이 퍼짐으로써 얼마나 큰 결과를 낳게 되는지 그 이전에는 본 적이 없었다.

생각이 군중의 마음속에 자리 잡으려면 오랜 시간이 필요하지만, 그 생각이 다시 근절되기까지도 똑같이 오랜 시간이 필요하다. 이러한 이유로 생각에 관해서 군중은 항상 지식인이나 철학자보다 몇 세대 뒤쳐져 있다. 오늘날의 모든 정치가는 내가 앞에서 언급했던 근본적인 생각들에 오류가 섞여 있다는 사실을 잘 알고 있다. 그러나 이러한 생각들의 영향력은 여전히 매우 강력하기에 정치인들도 더 이상 믿지 않는 진리의 원칙에 따라 통치할 수밖에 없는 것이다.

2. 군중의 이성적 사고의 힘

군중이 이성적으로 사고하지 않으며, 이성적 사고의 영향을 받지도 않는다고 항상 단정할 수는 없다.

하지만 군중에게 영향을 줄 수 있고 군중이 사용하는 논증은, 논리적인 관점에서 볼 때 그 수준이 매우 떨어지므로, 그들의 주장이 이성적인지는 유추를 통해서만 알 수 있다.

군중의 열등한 이성적 사고는 고차원적 사고와 마찬가지로 생각 간의 연관성을 바탕으로 한다. 그러나 군중에 의해 연결 지어진 생각들에는 오직 유추나 연속의 관계만이 존재한다. 군중이 하는 이성적 사고의 방식은 투명한 물체인 얼음이 입속에서 녹는다는 것을 경험한 것으로, 역시 투명한 물체인 유리 또한 입속에서 녹을 것이라고 결론을 내리는 에스키모, 용감한 적의 심장을 먹음으로써 용기를 얻는다고 상상하는 야만인, 혹은 한 고용주에게 노동력을 착취당한 후 즉시 모든 고용주가 자신의 노동력을 착취한다고 결론 내리는 노동자의 추론 방식과 거의 비슷하다.

군중이 하는 이성적 사고는 겉으로 드러나는 연관성만 있을 뿐서로 전혀 다른 것들을 연결하거나 특정 사례를 성급하게 일반화하는 특성이 있다. 군중을 다루는 방법을 아는 사람들이 항상 군중에게 암시하는 것도 이런 종류의 논증이며, 군중이 영향받는 유일한 논증이다. 논리적 논증의 연결고리를 군중은 완전히 이해할수 없다. 이러한 이유로 군중은 이성적 사고를 하지 않거나 이성적으로 잘못된 사고를 하며, 이성적 사고에 영향받지 않는다고 말함이 허락되는 것이다. 일례로 군중에게 엄청난 영향을 미친 특정 연설을 읽어 본다면, 놀라우리만치 그 주장의 논리가 빈약한 것을 알 수 있다. 그 연설문은 철학자들에게 읽히기 위한 것이 아니라 군중을 설득할 의도로 쓰였기 때문이다. 거기다 군중과 친밀하게 소통하는 연설가는 군중을 유혹하는 이미지를 불러일으키는 게 가능하다. 그에 성공한다면 그의 목표는 달성된 것과 같다. 성찰의 결과인 20권 분량의 장광설도 군중을 설득하기 위해서는, 그들의 두뇌에 틀어박히는 몇 마디의 문구만큼도 가치가 없다.

군중이 이성적 사고를 못 하기에 비판적 정신이 없고, 진실과 오류를 분별하지 못하며, 어떤 문제에 대해 정확한 판단을 내릴 수 없다는 말은 덧붙일 필요도 없을 것이다. 군중이 받아들이는 판단은 단지 그들에게 강요된 판단일 뿐이며 토론을 거쳐 채택된 판단이 절대 아니다. 이 문제에 관해서는 군중의 수준을 넘지 못하는 개인도 많다. 특정 견해들이 쉽게 일반적으로 받아들여지는 것은 사람들 대다수가 자신의 이성적 사고를 바탕으로 자기 의견을 형성하는 데 어려움을 겪기 때문이다.

3. 군중의 상상력

이성적 사고 능력이 없는 사람의 경우와 마찬가지로 군중의 비유적 상상력은 매우 강력하고 활동적이어서 강렬한 인상을 받기 쉽다. 어떤 인물, 사건, 사고에 의해 그들의 마음속에 떠오르는 이미지는 현실과 거의 흡사하다. 군중은 당분간 이성이 정지된 잠자는 사람과 비슷하다. 그래서 찬찬히 성찰해 보면 금방 사라질 만한 극도로 강렬한 이미지를 마음속에 떠올리는 것이 허락된다. 하지만 군중은 성찰도 이성적 사고도 할 수 없기에 일어날 것 같지 않은 일들에 대한 개념 자체가 없다. 그러나 군중에게 가장 인상적인 것은, 가장 일어날 것 같지 않은 일들임을 알아야 한다.

그렇기에 군중에게 가장 특별히 인상적인 것은 사건들의 경이롭고 전설적인 측면이다. 문명을 분석해 보면, 실제로 그 문명의 진정한 받침대는 경이적이고 전설적이라는 사실을 알 수 있다. 역사에서 외관은 항상 현실보다 훨씬 더 중요한 역할을 해 왔고, 더 위대한 순간은 항상 현실보다는 비현실적인 순간이었다.

이미지로만 생각할 수 있는 군중은 이미지에만 감명받는다. 군중을 겁주거나 매료시키고 행동하도록 하는 동기가 되는 것도 오직 이미지이다.

이러한 이유로 이미지가 가장 선명하게 보이는 형태인 연극적 표현은 항상 군중에게 막대한 영향을 미쳤다. 빵과 화려한 쇼는 고대 로마의 평민들에게 행복의 이상향이었고 이것만 있다면 그들은 더 이상 바랄 게 없었다. 여러 시대가 흘러도 이러한 이상은 거의 변하지 않았다. 군중이 가진 모든 범주의 상상력에 연극적 표현보다 디 큰 영향을 미치는 것은 없다. 연극에시는 진체 관객이 동시에 같은 감정을 경험한다. 그런데 만약 그 감정이 즉시 행위로 변형되지 않는다면, 관중은 완전한 무의식 상태에 빠진 탓에 자신들이 어떤 착각을 하는지도 모르는 데다, 자신들이 상상적 모험에 울고 웃는다는 사실도 잊게 된다. 때때로, 이미지가 암시하는 감정이 너무 강해서 관중은 이를 습관적인 암시처럼 행동으로 옮기는 경향이 있다. 나는 한 인기 극장 경영자의 이야기를 종종 듣는데, 음울한 비극만 상연하는 그의 극장은 배신자 역할을 하는 배우가 극장을 나설 때마다 그가 극 속에서 저지른 범죄, 즉 상상에 불과한 그 범죄에 분노한 관중들이 그에게 폭력을 행사할지도 몰라 꼭 그를 보호해야만 했다고 한다.

내 생각에는, 군중이 얼마나 쉽게 암시받는지를 보여주는 군중의 정신 상태에 주목할 만한 징후의 하나가 이것이라고 생각한다. 비현실은 현실만큼이나 그들에게 큰 영향을 미친다. 군중은 현실과 비현실을 크게 구분하지 않는 뚜렷한 경향을 보인다.

정복자의 힘과 국가의 힘은 대중의 상상력, 특히나 대중이 무의식적으로 이끌리는 상상력을 바탕으로 해 작동한다. 모든 위대한 역사적 사실, 예를 들어 불교, 기독교, 이슬람교의 부상, 종교개혁, 프랑스혁명, 그리고 우리 시대를 위협하는 사회주의의 침략은 군중의 상상력 위에 만들어진 강력한 인상의 직간접적인 결과이다.

또한, 가장 절대적인 독재자를 포함하여 모든 시대와 국가의 모든 위대한 정치가들은 대중의 상상력을 권력의 근간으로 여겼다. 그리고 그들은 그것에 반대하여 통치를 시도한 적이 없다. 나폴레옹은 국무회의에서 다음과 같이 말했다. "나는 가톨릭 신자가 됨으로써 방데 전쟁*을 종식했습니다. 이슬람교도가 됨으로써 이집트에서 발판을 마련했습니다. 교황 지상권론자가 됨으로써 이탈리아 사제들이 내게 넘어왔고, 유대인 국가를 통치하게 된다면 솔로몬의 성전을 재건할 것입니다." 알렉산더와 카이사르 이후로 군중의 상상력을 감동시켜야 한다는 것을 나폴레옹보다 더 잘 이해한 사람은 없었다. 그는 어떻게 하면 군중의 상상력을 자극할 수 있을지 끊임없이 생각했다. 그는 전쟁에서 승리할 때, 토론을 벌이며 장광설을 늘어놓을 때, 연설할 때, 그리고 그 외 모든 행동에서도 이를 염두에 두었다. 그는 죽는 순간까지도 그 생각에 잠겨 있었다.

군중의 상상력을 어떻게 감동시킬 수 있을까? 곧 알게 될 것이니 지금은 이렇게만 말해 두겠다. 군중의 상상력은 결코 지능이나 이성적 사고 능력에 의존하여, 즉 논증에 따라서는 감동시킬 수

---

* 1793년 프랑스 방데 지역에서 일어난 징병제 반대 반란이다.

없다. 안토니우스가 대중이 카이사르의 암살자들에 대항하여 일어나게 만드는 데 성공한 것은 교활한 수사를 통해서가 아니었다. 카이사르의 유언장을 군중 앞에서 직접 읽고 카이사르의 시체를 가리킨 행위 때문이었다.

군중들의 상상력을 자극하는 것은 무엇이든 모든 부수적인 설명이 필요 없는, 혹은 몇 가지의 경이롭고 신비로운 사실을 동반하는 놀랍고 매우 선명한 이미지의 형태로 그 모습을 드러낸다. 위대한 승리, 경이로운 기적, 경악할 범죄 또는 원대한 희망 등이 그 예가 될 것이다. 군중 앞에서는 무엇이든 전체적으로 보여주어야지, 사사로운 사건 발생 등을 보여주는 것은 절대 그들의 상상력을 자극하지 못한다. 백 건의 사소한 범죄나 사소한 사고는 군중의 상상력을 조금도 자극하지 못하나 한 번의 큰 범죄, 또는 한 번의 큰 사고는 군중의 상상력에 심오한 인상을 준다. 비록 그 결과가 백 개의 작은 사고를 합친 것보다 훨씬 덜 비참할지라도 말이다.

몇 년 전 파리에서만 5천 명이 사망한 독감의 유행은 대중의 상상력에는 거의 영향을 미치지 않았다. 그 이유는 이 실제 대학살은 눈에 보이는 이미지로 구체화되지 않았고 매주 통계 정보가 제공되는 것으로만 알 수 있었기 때문이다. 그러나 5천 명이 아닌 5백 명이 사망한 사고라도, 하루 만에 그리고 대중의 눈앞에서 벌어졌다면, 예를 들어 에펠탑의 붕괴와 같은 사고의 결과는 반대로 군중의 상상력에 엄청난 인상을 남겼을 것이다. 한 대서양 횡단 증기선이 바다 한가운데서 가라앉았을지도 모른다는 실종 소식은 일주일 내내 군중의 상상력을 자극했다. 하지만 공식 통계에 따르면 1894년 한 해에만 범선 850척과 203척의 증기선이 사라졌다.

인명 피해와 재산 손실에 관해서는 문제의 대서양 증기선의 실종보다 훨씬 더 중요했던 그 배들의 연속적 실종에는 군중은 한순간도 걱정하지 않았다.

그러므로 대중의 상상력을 자극하는 것은 사건이 일어났다는 사실 그 자체가 아니라 사건이 일어난 뒤 주목받는 방식이다.

즉 그것들은 응축되어 마음을 가득 채우고 혼란스럽게 하는 놀라운 이미지를 만들어 내야 한다. 군중의 상상력을 자극하는 기술을 아는 것은 동시에 군중을 다스리는 기술을 아는 것이라 할 수 있다.

4장

군중의 모든 확신에서 보이는
종교의 모습

종교적 정서가 의미하는 것 — 종교적 정서는 신성의 숭배와 무관하다 — 종
교적 정서의 특성 — 종교적 형태를 가정하는 신념의 힘 — 다양한 예 — 군중
의 신은 절대 사라지지 않는다 — 새로운 형태로 부활하는 군중의 신 — 무신
론의 종교적 형태 — 역사적 관점에서 이러한 개념의 중요성 — 종교개혁, 성
바르톨로메오 축일의 학살, 공포시대 및 이와 유사한 모든 사건은 홀로 있는
개인의 의지가 아닌 군중의 종교적 정서의 결과이다

우리는 군중이 이성적으로 사고하지 않으며, 생각을 뭉뚱그려
받아들이거나 거부한다는 것, 어떤 토론도 반론도 용납하지 않으
며, 그들에게 던져진 암시는 그들의 이해의 전 분야를 침범하고 즉
시 행동으로 옮겨 간다는 것을 보았다. 우리는 적절하게 영향받
은 군중은 자신들이 영감을 받은 이상을 위해 희생할 준비가 되어
있다는 것을 보았다. 우리는 또한 군중이 폭력적이고 극단적인 정
서를 즐길 뿐이라는 사실도 확인했다. 그들의 경우 동정심은 금방

숭배가 되고 반감은 일어나자마자 곧 증오로 변한다. 이러한 일반적인 징후는 이미 우리에게 군중이 하는 확신의 성격을 예감하게 한다.

이러한 신념을 자세히 살펴보면, 열렬한 종교적 신념으로 특징지어지는 시대든 지난 세기처럼 커다란 정치적 격변으로 특징지어지는 시대든 그 신념들은 항상 종교적 정서라는 특별한 형태를 띤다.

이 정서는 우월하다고 여겨지는 존재에 대한 숭배, 그 존재가 가진 힘에 대한 두려움, 그 존재의 명령에 대한 맹목적인 복종, 교리에 대해 반론할 수 없음, 교리를 전파하려는 욕구, 자신을 받아들이지 않는 모든 사람을 적으로 간주하는 경향 들처럼 매우 단순한 특성을 가진다. 이러한 정서가 보이지 않는 신, 나무나 돌로 만든 우상, 영웅 또는 정치적 개념에 적용되면, 그것이 앞에서 말한 특성을 나타내는 한 본질적으로 항상 종교적이다. 초자연적이고 기적적인 현상들도 같은 정도로 이러한 종교적 정서를 가진다. 군중은 당장 그들의 열정을 불러일으키는 정치 공식이나 승리한 지도자에게도 무의식적으로 신비한 힘을 부여한다.

사람은 신을 숭배할 때에만 종교적인 것이 아니다. 그가 어떤 것, 어떤 사람에게 자기 생각과 행동의 목적이며 안내자가 되어 줄 명분을 찾거나, 특정 사람에게 봉사하기 위해 그의 모든 정신적 자원을 쏟고, 그의 의지를 완전히 내맡기고 영혼을 다한 광신적 태도를 보일 때에도 그는 종교적이다.

편협함과 광신적인 모습은 종교적 정서에서 어김없이 보인다. 그것들은 지상의 행복 혹은 영원한 행복의 비밀을 안다고 믿는 사람들도 보이는 특성이다. 이 두 가지 특징은 어떤 종류의 신념에 이끌려 함께 모이는 모든 사람에게서 나타난다. 공포시대의 자코뱅은 종교재판의 가톨릭 신자들만큼이나 신앙심이 깊었다. 그들의 잔인한 열정은 같은 이유에서 비롯되었다.

군중의 신념은 종교적 정서에 내재된 맹목적인 복종, 사나운 편협성, 폭력적인 선동의 필요성과 같은 특성을 띠며, 그런 이유에서 그들의 모든 신념이 종교적 형태를 가지고 있다고 말할 수 있다. 군중이 추앙하는 영웅은 그 군중에게 있어서 진정한 의미의 신이다. 나폴레옹은 15년 동안 그런 신이었다. 그보다 많은 숭배자를 가지고 또 그렇게 쉽게 사람들을 죽음에 이르게 한 신은 없었다. 기독교 신과 이교도 신 그 누구도 그들의 영향력 아래에 있는 사람들의 마음에 나폴레옹처럼 절대적인 권력을 행사한 적은 없었다. 종교적 또는 정치적 신조를 창시한 사람들은 모두 군중이 숭배와 순종에서 행복을 찾고, 우상을 위해 목숨을 바칠 준비가 되도록 광신적 정서를 불러일으키는 데 성공한 사람들이다. 그리고 이것은 모든 시대에 해당한다.

퓌스텔 드 쿨랑주는 로마 갈리아에 관한 그의 탁월한 저서에서 로마제국은 무력에 의해 유지된 것이 아니라 로마제국이 불러일으킨 종교적 존경심에 의해 유지되었다고 정확히 언급하였다. "국민의 혐오를 받는 정부가 5세기 동안 지속되었다는 것은 세계 역사상 유례를 찾아볼 수 없는 일이다. 로마제국의 30개 군단이 1억 명의 사람들을 복종하게 한 것은 설명이 불가하다."라고 말했다. 그들이 순종한 이유는 신처럼 숭배된 로마의 황제 때문이었다. 로마의 위대함이 의인화되었기에 황제는 위대함 그 자체였다. 황제를 기리는 제단은 그의 영토 안에서 가장 작은 마을에도 세워졌다.

당시 온 제국에서 일종의 새로운 종교가 생겨나기 시작했는데, 이는 황제를 신으로 섬기는 종교였다. 기독교 시대 이전 몇 년간은 60개 도시로 대표되는 갈리아 전체가 아우구스투스를 기리기 위해 리옹 마을 근처에 신전을 세웠다. …… 갈리아의 도시 연합에 의해 선출된 사제들이 그들 나라의 주요 인물이었다. …… 이 모든 현상을 공포와 노예적 복종 때문이라고만 말하기는 어렵다. 전체 국민이 노예는 아니며 특별히 이 현상은 3세기 동안이나 지속됐다. 황제를 숭배한 건 신하들이 아니라 로마였고, 로마뿐 아니라 갈리아, 스페인, 그리고 그리스와 아시아도 그러했다.

오늘날에는 사람들의 마음을 흔들었던 위인들을 위한 제단은 없지만 거리에 동상이 세워져 있거나, 추종자들은 그 위인들의 초상화를 소유하기도 한다. 그들에 대한 숭배는 앞선 시대의 위인들에 대한 숭배와 특별히 다르지 않다. 역사철학을 이해하고 싶으면 군중심리의 근본을 철저히 알아야만 한다. 군중은 다른 어떤 것보다도 자신들의 신을 먼저 요구한다.

이것을 이성이 확실히 추방했던 지나간 시대의 미신이라고 생각해서는 안 된다. 이성과의 영원한 갈등에서 감정은 절대 패배하지 않았다. 군중들은 신과 종교라는 단어를 더 이상 듣고 싶지 않을 것이다. 그 이름하에 그토록 오랜 기간 노예 상태로 있었기 때문이다. 지난 백 년만큼 군중이 그렇게 많은 숭배의 대상을 지니고 수많은 동상과 제단을 세운 적은 없었다. 최근 몇 년 동안 불랑제주의라는 이름으로 알려진 대중운동을 연구한 사람들은 군중의 종교적 본능이 얼마나 쉽게 부활할 준비가 되어 있는지 알 수 있었을 것이다. 영웅 불랑제의 초상화가 걸려 있지 않은 시골 여관이 없었다. 불랑제는 모든 불의와 악을 바로잡을 힘을 가진 인물로 인정받았고, 수천 명의 사람들이 그를 위해 목숨을 바쳤을 것이다. 그의 성격이 전설적인 명성에 걸맞은 수준이었다면 역사에서 그의 위상은 엄청났을 것이다.

따라서 종교가 대중에게 필요하다고 주장하는 것은 당연한 사실을 쓸데없이 떠드는 말에 불과하다. 모든 정치적, 종교적, 그리고 사회적 신조는 토론의 위험이 필요 없는 종교적 형태를 띠는 조건에서만 뿌리를 내리기 때문이다. 대중이 무신론을 받아들이도록 유도할 수 있다고 해도, 이 믿음 또한 종교적 정서의 편협한 열정을 보여줄 것이며 그 외형적 형태는 광신적 추종의 모습일 것이다. 소규모 실증주의 종파가 변해 가는 모습은 우리에게 흥미로운 증거를 제공한다. 심오한 사상가인 도스토옙스키가 들려주는 이야기 속 허무주의자에게 일어난 일이 그 실증주의자들에게도 벌어졌다. 어느 날 이성의 빛에 의해 계몽된 그 허무주의자는 예배당 제단을 장식한 신들과 성자들의 성상을 부수고 양초들도 다 꺼 버린 후, 파괴된 것들을 지체 없이 뷔히너나 몰레스호트 같은 무신론 철학자들의 작품으로 대체했다. 그러나 그 후 그는 경건하게 촛불을 다시 켰다. 그의 종교적 신념의 대상은 바뀌었지만, 그가 가진 종교적 정서 또한 변했다고 진실로 말할 수 있을까?

이는 가장 중요한 지점이다. 특정 역사적 사건들의 경우, 군중의 신념은 언제나 장기적으로 종교적 형태를 띤다는 이해 없이는 그러한 역사적 사건들을 절대 이해할 수 없다는 점을 다시 한번 강조한다. 자연주의자의 관점보다는 심리학자의 관점에서 연구해야 하는 사회현상들이 있다. 위대한 역사가 텐도 프랑스혁명을 자연주의자로서만 연구했기에 이 사건의 진짜 원인을 찾는 데 실패했다. 그는 사실을 완벽하게 관찰했으나 군중의 심리를 연구하지 않았기에 항상 그 원인을 추적할 수 없었다. 그는 군중들의 피에 굶주린 무정부주의적이고 사나운 모습에서 위대한 희곡 속 영웅의 모습은 보지 못하고, 그들을 오직 본능을 억제하지 못하고 자신을 던져 버리는, 발작적인 야만인 무리로만 여겼다. 혁명의 폭력성, 학살, 선동의 필요성, 만물에 대한 선전포고 등은 혁명이 대중의 마음속에 새로운 종교적 신념을 확립하는 하나의 과정에 불과한 것이라는 견해가 있어야만 혁명의 원인이 설명될 수 있다. 종교개혁과 성 바르톨로메오 축일의 학살, 종교전쟁, 종교재판, 공포시대, 이 모두는 새로운 종교의 확립에 반대하는 사람들을 불태워 죽이거나 칼로 베어 죽인 무자비한 종교적 정서에 고무된 군중이 일으킨 사건이다. 종교재판의 방법은 신념이 확고하고 진실한 사람들의 방식이었다. 그들이 다른 방법을 썼더라면 그들의 신념이 확고하다는 말을 들을 수는 없었을 것이다.

내가 방금 인용한 것과 유사한 격변은 대중의 영혼이 그것을 가져올 때만 가능하다. 아무리 절대적인 독재자라도 그런 격변을 일으킬 수는 없다. 역사가들이 성 바르톨로메오 축일의 학살을 왕의 소행이라고 말할 때, 그들은 왕을 모르는 만큼이나 군중의 심리에 대해서도 무지하다는 것을 스스로 드러낸 것과 같다. 군중이 보이는 이런 종교적 정서의 발현은 군중의 영혼으로부터만 진행될 수 있다. 가장 전제적인 군주의 가장 절대적인 권력은 그 출현의 순간을 앞당기거나 늦추는 것 이상을 할 수 없다. 공포시대가 로베스피에르, 당통, 생쥐스트의 작품이 아니었던 것처럼 성 바르톨로메오 축일의 학살이나 종교전쟁은 왕들이 만든 일이 아니었다. 그러한 사건의 밑바닥에는 항상 권력자들의 힘이 아닌 대중의 영혼이 작동하고 있었음이 발견된다.

2부

군중의 견해와 신념

1장

군중의 견해와 신념의 간접 요인

군중 신념의 준비 요인 — 군중 신념의 기원은 사전 정교회 과정의 결과이다 — 이러한 신념의 다양한 요인에 대한 연구

1. 인종

   인종이 행사하는 지배적인 영향력 — 인종은 조상들의 암시를 나타낸다

2. 전통

   전통은 인종의 영혼의 합성물이다 — 전통의 사회적 중요성 — 전통은 필요했던 존재에서 어떻게 해를 끼치는 존재가 되었는가 — 군중은 전통 사상을 가장 완고하게 유지하는 사람들이다

3. 시간

   그것은 신념의 확립과 그 파괴를 연속적으로 준비한다 — 이 요소의 도움으로 혼돈 후 질서가 생겨날 수 있다

4. 정치 및 사회제도

   정치 및 사회제도의 역할에 대한 잘못된 생각 — 영향력이 극히 약하다 — 원인이 아니라 결과이다 — 국가는 그들에게 최고의 제도로 보이는 것을

선택할 수 없다 — 제도는 같은 제목 아래 가장 다른 것들을 감추는 이름일 뿐이다 — 제도가 어떻게 마련될 수 있는가 — 중앙집권화와 같이 어떤 나라들에는 필수적인 제도라도 이론적으로는 나쁜 제도가 있다

5. 교육

교육이 군중에게 미치는 영향에 대한 일반적인 생각의 허위 — 통계적 지표 — 라틴계 교육제도의 사기를 떨어뜨리는 효과 — 교육이 할 수 있을 역할 — 다양한 민족이 제공한 사례

군중의 정신적 체질을 살펴보고 군중의 감정과 생각, 이성적 사고가 어떠한지에 대해 알았으므로 이제 군중들의 견해와 신념이 어떻게 생겨나고 확립되는지 살펴보겠다.

군중의 견해와 신념을 결정하는 요인은 크게 간접 요인과 직접 요인 두 가지로 나뉜다. 간접 요인은 군중이 어떤 신념은 채택하고 다른 신념은 절대로 받아들이지 않도록 만드는 요인이다. 그 힘이나 결과에 있어 놀랄 만한 군중의 생각들이 겉으로는 즉흥적으로 생겨난 것처럼 보일지라도 사실 그 생각들이 발아할 수 있는 토대를 마련하는 것이 이 간접 요인이다. 이런 생각들은 놀라운 발견이 되기도 한다. 이런 식으로 군중 속에서 놀랍도록 갑작스럽게 터져 나온 특정 생각들은 실행에 옮겨지기도 하나, 이것은 단지 표면적으로 그렇게 보이는 것에 불과하다. 우리는 이러한 생각 뒤에 숨은, 오랫동안 이 생각을 준비시킨 간접 요인의 영향이 있었음을 찾을 수 있어야 한다.

직접 요인은 이 긴 준비 작업의 맨 위에 오며 이 준비 작업 없이는 아무런 효과도 없는 것으로, 군중을 적극적으로 설득하는 원천

으로 작용한다. 즉 직접 요인은 생각이 모습을 갖게 하고 모든 결과들을 만들어 낸다. 군중이 갑자기 어떤 결의에 사로잡히는 일도 이 직접 요인에서 발생한다. 이 직접 요인에 의해 폭동이 발생하거나 파업이 결정되기도 하며, 엄청난 수의 사람들이 한 사람에게 권력을 주고 정부를 전복하는 일도 생겨난다.

이 두 가지 요소의 연속적인 작용은 모든 위대한 역사적 사건에서 찾아볼 수 있다. 그러한 사건 중 가장 눈에 띄는 사건 중 하나인 프랑스혁명의 경우 간접 요인으로는 철학자들의 저술, 귀족들의 부당한 요구, 그리고 과학적 사고의 발달 등을 들 수 있다. 그러한 요인들이 바탕에 깔린 상태에서 군중은 연설가들의 연설이나 왕당파의 의미 없는 개혁에 대한 지칭 등과 같은 직접 요인에 의해 봉기하게 된 것이다.

간접 요인은 군중의 모든 신념과 견해의 저변에 깔린 일반적인 성격 또한 포함한다. 인종, 전통, 시간, 제도, 교육 등이 바로 그것이다.

이제 우리는 이러한 다양한 요인의 성격과 영향을 살펴볼 것이다.

1. 인종

간접 요인 중 하나인 인종은 그 자체로 다른 모든 요소보다 훨씬 중요하기 때문에 1순위에 놓여야 한다. 나는 다른 작품에서 인종을 충분히 연구했으므로 다시 다룰 필요가 없다. 나는 이전 책에서 역사적 인종이 무엇인지와 일단 형성된 인종의 성격은 유전 법칙의 결과임을 설명했다. 또한 신념, 제도, 예술과 같은 문명의 모든 요소가 인종이라는 성격의 외형적 표현에 불과할 정도로 인종이 강력한 힘을 지니고 있다는 사실을 보여주었다. 인종의 힘은 너무도 강력해서 어떤 요소도 가장 근본적인 변화를 거치지 않고서는 한 인종에서 다른 인종으로 변할 수 없다는 것 또한 설명했다.*

환경, 상황, 사건은 그 당시의 사회적 암시를 나타낸다. 이들 요소는 상당한 영향력을 행사할 수 있지만, 그 영향력은 한 민족이 조상 대대로 물려받아 온 특성으로서의 인종과 대비해서는 그저 일시적일 뿐이다.

우리는 이 책의 여러 장에서 인종적 영향에 대해 다시 언급할 기회가 있을 것이다. 그때마다 이 영향은 군중만이 갖는 특성을 지배할 정도로 크다는 사실을 보여줄 것이다. 그러한 사실에서 알 수 있듯이 각기 다른 국가의 군중은 신념과 행동에서 매우 상당한 차이를 제공하며, 같은 방식으로 영향받지 않는다.

2. 전통

전통은 과거의 생각, 요구, 정서를 나타낸다. 전통은 인종의 종

---

* 이 명제의 참신함은 여전히 상당하고 역사는 이 명제 없이는 이해할 수 없기에, 나는 이 명제를 증명하기 위해 나의 마지막 책(《민족 진화의 심리 법칙》)에서 네 개의 장을 할애했다. 이 책을 통해 독자들은 언어, 종교, 예술 등 한마디로 문명의 모든 요소가 보기에는 그렇지 않아도 한 민족에서 다른 민족으로 있는 그대로 전달될 수 없다는 사실을 알게 될 것이다.

합체이며 엄청난 힘으로 우리에게 영향을 끼친다.

생명체의 진화에 과거가 엄청난 영향을 미쳤다는 것을 발생학이 보여준 이래로 생물학은 변화해 왔으며, 역사과학 또한 이 개념이 더 널리 퍼졌을 때 적지 않은 변화를 겪었다. 그러나 그러한 개념이 아직 충분히 일반적이지 않아서, 지난 세기의 이론가들은 한 사회가 과거와 단절될 수 있고 오직 이성에 의해 완전히 재구성될 수 있다고 믿었으며, 많은 정치가 또한 그와 비슷한 모습만을 보인다.

민족은 과거에 의해 만들어진 유기체이다. 그러므로 다른 모든 유기체와 마찬가지로 느린 유전적 축적에 의해서만 수정될 수 있다.

인간을 인도하는 것은 전통이며, 특히 인간들이 군중을 이루고 있을 때라면 더욱 그렇다. 그들이 쉽게 얻을 수 있는 전통으로부터의 변화는, 내가 여러 번 반복했듯이, 외형의 변화일 뿐이다.

그렇다고 이러한 사정이 유감스러워할 일만은 아니다. 한 국가만의 특성도 문명도 전통 없이는 불가능하기 때문이다. 그 결과 인류가 존재한 이래로 인간의 두 가지 가장 큰 관심사 중 하나는 전통을 지속하게 만드는 것이었으며, 다른 하나는 나중에 전통이 이어져도 그 유익한 효과가 사라지면 그것을 파괴하려고 노력하는 것이다. 전통 없이는 문명이 불가능하고, 전통의 파괴 없이는 진보가 불가능하다.

안정성과 가변성 사이에서 적절한 균형을 찾기는 엄청나게 어려운 일이다. 한 민족이 자신들의 관습이 너무 확고하게 뿌리내리도록 내버려두면 더 이상 변화할 수 없고 중국처럼 발전할 수 없게 된다. 이 경우 폭력적인 혁명은 소용이 없다. 끊어진 전통 체제 사슬의 파편이 다시 이어져 과거와 변함 없이 자신의 제국을 재개하거나, 아니면 파편들이 떨어져 나간 채인 무정부 상태는 곧 퇴폐로 이어질 것이기 때문이다.

결과적으로 한 민족의 이상은 단지 과거의 제도를 못 느낄 정도로 조금씩 변화시키며 보존하는 것이라고 할 수 있다. 물론 이 생각은 실현하기 어렵다. 고대의 로마인들과 현대의 영국인이 그것을 실현한 거의 유일한 민족이다.

전통적인 생각에 가장 집요하게 집착하고 가장 완강하게 변화에 반대하는 것은 바로 군중이다. 카스트라는 계층과 관련한 군중이 특히 그렇다. 나는 이미 군중의 정신이 보수적이라고 주장했고, 가장 폭력적인 반란도 단순히 말과 용어의 변화로 끝남을 보여주었다. 지난 세기말, 파괴된 교회들과 나라에서 추방되거나 단두대에 오른 성직자들이 있어 사람들은 낡은 종교 사상이 모든 힘을 잃었다고 생각했을지도 모른다. 그러나 몇 년이 채 지나지 않아 보편적인 요구에 부응하여 폐지된 교회의 예배 제도가 다시 허용되었다.[*]

---

[*] 텐이 이전에 인용한, 관습주의자인 푸르크루아의 보고서는 이 요점을 잘 설명한다. 그는 보고서에서 이렇게 말했다.

"주일을 지키고 교회에 출석하는 것과 관련하여 프랑스인들 대다수가 예전으로 돌아가기를 원하고 있다는 걸 여러 곳에서 볼 수 있다. 이러한 현상은 자연스러운 경향에 저항하는 게 더 이상 적절하지 않음을 증명한다. …… 대다수 사람은 종교, 교회 예배, 성직자를 필요로 한다. 종교적 편견을 파괴할 수 있을 정도로 교육이 일반화될 수 있다고 믿는 것은 일부 현대 철학자들의 오류이며, 나 자신도 그 오류에 빠졌었다. 그러나 많은 수의 불행한 사람들에게 위로의 원천이 되는 것은 종교적 편견이다. …… 그러므로 대중에게 성직자와 제단, 교회 예배를 허용해야 한다."

잊힌 지 오래된 전통이 다시금 영향력을 행사하게 된 것이다.

전통의 힘이 군중의 마음에 미치는 영향을 보여줄 더 좋은 예는 없다. 가장 경외할 만한 우상은 신전에 머물지 않는다. 마찬가지로 가장 전제적인 폭군도 궁전에 머물지 않는다. 둘 다 순식간에 무너질 수 있다. 하지만 보이지 않는 우리 내면의 자아를 다스리는 주인은 우리가 아무리 반발하려 해도 안전하게 우리 내면에 머물러 있다. 그것이 쇠약해지고 사라지려면 아주 오랜 시간이 필요할 뿐이다.

3. 시간

유전과 마찬가지로 사회적으로도 시간은 가장 영향력 있는 요소이다. 시간은 유일하게 진정한 창조자이자 위대한 파괴자이다. 모래 알갱이로 산을 만들고 지질학적 시대의 미미한 세포를 존엄한 인간으로 끌어올린 것도 시간이다. 수 세기에 걸친 행동은 주어진 현상을 변화시키기에 충분했다. 충분한 시간만 있다면 개미가 몽블랑산을 평평하게 만들 수 있다는 것도 틀린 말이 아니다. 자신의 의지에 따라 시간을 변화시키는 마법의 힘을 소유한 존재는 신도들이 오직 신에게만 귀속시키는 힘을 가진 것과 다름없을 것이다. 그러나 여기서는 군중들의 견해가 생겨나는 데 대한 시간의 영향만을 살펴보면 된다.

이 관점에서 볼 때 시간의 작용은 여전히 엄청나다. 시간 없이는 인종과 같은 커다란 요인의 힘은 생겨날 수 없다. 오직 시간에 기대어 생겨난다. 시간의 작용은 모든 신념의 탄생과 성장, 그리고 죽음을 초래한다. 이것들은 시간의 도움으로 힘을 얻기도 하고 잃기도 한다.

특히 군중의 견해와 신념을 만드는 것도 시간이며 그것들이 발아할 토양을 만드는 것도 시간이다. 시간은 시대마다 다른 생각들의 원천인 신념, 견해를 차곡차곡 쌓아 올린다. 생각은 우연히 자라나지 않는다. 생각이 꽃피기 위해서는 그것이 만개할 시간을 주어야 한다. 그렇기에 이러한 생각의 발생을 알기 위해서는 필연적으로 과거로 거슬러 올라가야 한다. 생각의 뿌리는 오랜 과거 속에 있기 때문이다. 생각은 과거의 딸이자 미래의 어머니이지만 언제나 시간의 노예이다.

결과적으로 시간은 우리의 진정한 주인이며, 만물이 변화하는 것을 보려면 시간이 자유롭게 행동하도록 내버려두기만 하면 된다. 현재 우리는 대중의 위협적인 열망과 그에 의해 예견되는 파괴와 격변에 대해 매우 불안한 상태이다. 그러나 시간은 다른 도움 없이 균형을 회복시킬 것이다. "어떤 형태의 정부도 하루 만에 세워지진 않는다. 정치 사회 조직은 수 세기가 걸쳐 생겨나는 것이다. 봉건제도는 수 세기 동안 형태가 없고 혼란스러운 상태로 존재하다가 그 법칙을 발견했고, 절대군주제도 수 세기가 지나서야 규칙적인 정부 통치 방식에 도달했다. 그리고 이 긴 기다림의 시기는 극도로 혼란스러운 시기였다."라고 쓴 라비스의 주장은 매우 적절한 발언이다.

4. 정치 및 사회제도

제도가 사회의 결함을 바로잡을 수 있다는 생각, 국가 발전은 제도와 정부의 개선 결과이며, 사회 변화는 법령으로 이루어질 수 있다는 생각은 여전히 일반적이다. 이 생각은 프랑스혁명의 출발점이었으며, 오늘날의 사회 이론들은 이를 기반으로 한다. 그러나 사회가 반복해서 겪는 경험에도 불구하고 제도와 법령이 사회를 바꿀 수 있다는 이 심각한 망상은 흔들리지 않았다. 철학자들과 역사가들은 그 부조리를 증명하기 위해 노력했지만 소용없었다. 그러나 제도가 생각, 정서, 관습의 결과물임을, 이것들은 법규를 다시 만들어도 바꿀 수 있는 것이 아니라는 사실을 증명하는 것은 어렵지 않았다.

머리 색깔이나 눈동자 색을 자신이 원하는 대로 선택할 수 없듯이, 국가는 국가 제도를 마음대로 선택할 수 없다. 제도와 정부는 인종의 산물이다. 그것들은 시대를 창조하는 것이 아니라 시대에 의해 만들어지는 것이다. 민족은 순간의 변덕에 따라 통치되는 것이 아니라, 그 민족의 성격이 결정하는 대로 통치되는 것이다. 정치체제를 형성하는 데에는 수 세기가 걸리고 그것을 바꾸는 데에도 수 세기가 필요하다. 제도는 본질적인 미덕을 지니지 않으므로 그 자체로 선하지도 악하지도 않다. 특정 순간에 특정 민족에게 좋은 제도가 다른 민족에게는 극도로 해로울 수 있다.

게다가, 제도를 바꾸는 것은 국민의 힘으로 할 수 있는 일이 아니다. 의심할 여지 없이, 폭력적인 혁명의 대가로 제도의 이름을 바꿀 수는 있지만 그 본질은 수정되지 않는다. 본질에 닿으려는 역사가에게 이름은 단지 쓸모없는 표지에 불과하다. 예를 들어, 세계에서 가장 민주적인 국가인 영국*이 그럼에도 군주제 체제를 유지하고 있는 반면에, 가장 억압적인 전제주의가 만연한 국가인 아메리카의 스페인 공화국들은 공화제를 채택하고 있다. 한 민족의 운명은 그 민족의 성격에 의해 결정되지 정부 형태에 의해서가 아니다. 나는 이전 책에서 단정적인 예시를 제시하며 이러한 견해를 확립하기 위해 노력했다.

정교하지만 판에 박힌 헌법을 만드는 데 시간을 허비하는 것은 결과적으로 무지한 수사학자의 쓸모없는 수고일 뿐이다. 우리가 현명하게 필요성과 시간이라는 간접 요인이 작용하도록 놓아두기만 한다면 그것들은 알아서 헌법을 정교하게 만드는 책임을 맡는다. 이것이 앵글로·색슨족이 채택한 계획이며, 그들의 위대한 역사가인 매콜리가 자신의 글을 통해 모든 라틴계 국가 정치가들이 마음에 새겨야 할 것이라고 우리에게 가르치는 바이다. 순수이성의 관점을 통해 부조리와 모순처럼 보이는 법들이 가져다주는 모든 이익을 보여준 후, 그는 격변을 겪으며 사라져 버린 많은 라틴 민족의 헌법들을 영국의 헌법과 비교하였다. 그렇게 함으로써 그는 영국 헌법은 그때그때의 필요 때문에 천천히 변경되었지, 라틴 민족의 헌법들처럼 사변적 추론의 영향을 받지 않았음을 지적했다.

---

* 미국의 가장 진보적인 공화당원들조차도 이 사실을 인정한다. 미국 잡지 《더 포럼》은 최근 이 의견을 단호하게 표현했고, 그것은 1894년 《리뷰 오브 리뷰》지 12월호에 다시 다음과 같이 인용되었다.
"귀족정치에 대해 열렬하게 반대하는 사람들일지라도 그들은 개인의 권리가 가장 존중받는 나라, 그리고 개인이 가장 많은 자유를 누리는 나라 영국이 오늘날 우주에서 가장 민주적인 국가라는 사실을 결코 잊어서는 안 된다."

대칭을 생각하지 말고 너무 편리함도 추구하지 말라. 변칙을 변칙이라는 이유만으로 제거하지 말라. 불만이 느껴질 때를 제외하고는 결코 개혁하지 말라. 불만을 없애는 정도까지만 개혁하라. 꼭 필요한 특별한 경우보다 더 넓은 범위의 제의는 하지 말라. 이것들이 바로 존의 시대부터 빅토리아시대까지, 우리의 이백오십 번의 의회 심의를 안내했던 규칙이다.

각 민족의 법과 제도가 각 민족의 욕구를 어느 정도 표현하고 있으며, 그런 이유로 급격하게 변형될 수 없음을 보여주기 위해서는 각 민족의 법과 제도를 하나씩 살펴볼 필요가 있다. 중앙집권의 장단점에 대한 철학적 논문을 열심히 쓸 수도 있겠지만 그 대신 우리는, 예를 들어, 매우 다른 인종들로 구성된 한 민족이 중앙집권을 달성하기 위해 천 년의 노력을 기울인 것을 보고, 또 과거의 모든 제도의 파괴를 목적으로 한 위대한 혁명이 이 중앙집권화를 존중할 수밖에 없었고, 심지어는 그것을 강화하게 된 경우를 살펴본다고 가정하자. 이러한 상황에서 우리는 그 중앙집권 강화가 긴급한 필요에 의한 결과이자 해당 국가의 존재 조건임을 인정해야 하며, 중앙집권화를 파괴해야 한다고 말하는 정치가들의 빈약한 정신을 동정해야 한다. 그러나 만약 정치인들이 중앙집권화를 파괴하는 데 성공한다면 그것은 곧바로 무서운 내전*의 신호탄

---

* 프랑스의 여러 정당을 분리시키고, 특히 더 많은 사회문제를 가져온 심오한 종교적, 정치적 불화와 혁명 당시에 나타나 프로이센·프랑스 전쟁이 끝날 무렵 보이기 시작한 분파주의 경향들을 비교해 보면 프랑스를 대표하는 다양한 인종이 완전히 혼합되려면 아직도 한참 멀었다는 것을 알 수 있다. 혁명의 격렬한 중앙집권화와 오래된 지방

이 될 것이다. 더욱이, 이러한 일이 실제로 일어나는 즉시 법과 제도는 이전보다 훨씬 더 억압적인 새로운 중앙집권체제로 변할 것이다.

이 내용에서 도출되는 결론은 대중의 특성에 심오한 영향을 미치는 수단은 제도에서 찾아지는 것이 아니라는 점이다. 미국과 같은 국가들을 볼 때 그 국가들은 민주적 제도하에서 번영하는 반면, 아메리카의 스페인 공화국들과 같은 나라들은 절대적으로 유사한 제도하에서도 한심한 무정부 상태에 있는 것을 볼 수 있다. 그러나 이 제도들이 미국의 위대함과 무관하듯 아메리카의 스페인 공화국들의 타락과도 거리가 멀다는 것을 인정해야 한다. 민족은 그들의 성격에 지배받으며 그 성격에 가깝게 맞춰 만들어지지 않은 제도들은 빌린 옷이나 일시적인 변장과도 같다. 마치 성자들의 유골이 초자연적인 힘을 가졌다고 여겨지는 것처럼, 초자연적으로 복지를 창조하는 것 같은 제도들을 집행하기 위해 피비린내 나는 전쟁과 폭력적인 혁명이 일어났고, 앞으로도 계속 일어날 것이다. 그러므로 어떤 의미에서는 제도가 그런 격변을 일으킬 정도이니 군중의 마음에도 작용하는 것이라고 말할 수 있다.

하지만 실제로 이런 식으로 작동하는 것은 제도가 아니다. 왜냐하면 우리는 성공적이든 그렇지 못하든 제도가 그 자체로는 어떤 덕을 갖고 있지 않다는 것을 안다. 군중의 마음에 영향을 끼치

들을 섞어 인위적으로 구역을 만든 것은 확실히 가장 유의미한 일이었다. 오늘날 앞날을 잘 내다보지 못하는 사람들의 마음을 사로잡고 있는 분권화가 만약에 이루어졌다면 가장 피비린내 나는 심각한 무질서를 가져왔을 것이다. 이 사실을 간과하는 것은 프랑스의 전체 역사를 보지 않으려는 것과도 같다.

는 것은 환상과 말이다. 특히 말이 얼마나 터무니없으면서도 큰 힘을 가졌는지, 지금부터 그 놀라운 영향력을 소개하겠다.

5. 교육

현시대의 가장 지배적인 생각 중 하나는 교육이 인간을 상당히 변화시킬 수 있으며, 그들을 향상시키고 심지어 평등하게 만들 수 있다는 것이다. 교육이 끊임없이 반복되니, 이런 주장은 결국 가장 확고한 민주주의 이론 중 하나가 되었다. 과거에 교회의 교리를 공격하기 어려웠던 것만큼이나 지금은 이 주장을 공격하기가 어렵다.

그러나 이 점에서도 다른 많은 경우와 마찬가지로 민주주의 사상은 심리학 및 경험의 결과와 심오한 불일치를 이룬다. 많은 저명한 철학자들, 그중에서도 허버트 스펜서는 교육이 사람을 더 도덕적이거나 더 행복하게 만들지 않으며, 본능이나 유전적 열정을 변화시키지 못한다는 것을 어렵지 않게 보여주었다. 교육은 잘못된 방향으로 이루어지면 유용하기보다는 치명적일 수 있다. 통계학자들은 어떤 종류의 교육이 일반화되면서 범죄율이 늘었고, 그리고 사회 최악의 적인 무정부주의자들이 학교에서 상을 받은 경우를 보고하며 이러한 견해를 확인해 주었다. 저명한 판사인 아돌프 기요는 그의 저서에서 현재 1,000명의 문맹 범죄자에 비해 교육받은 범죄자는 3,000명에 달하며, 50년 만에 인구의 범죄자 비율이 인구 십만 명당 227명에서 552명으로 133퍼센트 증가했다고 적었다.

그는 또한 프랑스에서 도제 교육기관을 대신해서 세워진 것으로 알려진 무상 의무 교육기관의 젊은이들 사이에서 특히 범죄율이 증가했다는 사실에 동료 판사들과 의견을 함께했다.

확실히 잘 방향 잡힌 교육이 도덕성의 기준을 높이는 의미에서가 아니라면 적어도 전문적 역량을 개발하는 데에는 유용하다는 사실에 누구나 동의했다. 불행히도 라틴 민족은, 특히 지난 25년 동안, 매우 잘못된 원칙에 기초한 교육제도를 구축해 왔고, 가장 저명한 학자들인 브레알, 드 쿨랑주, 텐 등의 관찰에도 불구하고, 한탄스러운 실수를 계속하고 있다. 나는 얼마 전 출간한 저서에서 프랑스 교육제도가 그 제도하에 수학한 사람 대다수를 사회의 적으로 변질시키고, 사회주의에서도 최악의 형태를 옹호하는 사람들만 다수 배출했음을 보여주었다.

라틴계 제도라 해도 무방한 이 교육제도의 가장 큰 위험은 교과서를 암기해야 지능이 발달한다는 근본적인 심리적 오류에 기반한다는 사실에 있다. 라틴계 교육제도는 이 견해를 채택하면서부터 학생들이 가능한 한 많은 교과서를 읽을 수 있도록 노력했다. 초등학교부터 대학을 졸업할 때까지 청년은 자신의 판단이나 주도성 없이 오직 책을 암기했다. 학생들에게 교육은 암기와 복종에 불과하다.

"수업을 듣고, 문법이나 개요서를 외우고, 잘 반복하고, 또 잘 모방하는 것은 우스꽝스러운 형태의 교육이다. 이런 교육의 모든 노력은 가르치는 이의 무오류성을 암묵적으로 인정하는 믿음의 행위이며, 그리고 그 결과는 배우는 사람들이 자신을 스스로 경시하고 무력하게 만들 뿐이다."라고 전 교육부 장관인 쥘 시몽은 말했다.

이 교육이 단지 쓸모없는 것이기만 하다면 정작 필요한 공부를 하는 대신 왕가의 족보, 왕국 주도권을 가지려는 지역 간 갈등, 또는 동물 분류 등을 배우는 불행한 초등학생 아이들에게 동정심을 표현하면 그만일 수 있다. 그러나 문제는 이 제도가 훨씬 더 심각한 위험을 초래한다는 것이다. 이 교육제도는 그것에 복종하는 사람들에게 자신이 태어난 삶의 상태에 대한 격렬한 혐오감을 불어넣고 동시에 그로부터 탈출하려는 강렬한 열망을 심어 준다. 노동자는 더 이상 노동자로 남아 있기를 원하지 않고, 농민은 농민으로 남기를 원하지 않으며, 중산층에서도 가장 낮은 세층의 구성원들은 그들의 아들들이 국가가 임금을 지급하는 공무원을 제외한 다른 직업을 가져서는 안 된다고 생각한다. 인생을 위한 준비는 시키지 못한 채, 프랑스 학교는 오직 학생들이 자기 주도성이 전혀 없이도 공무원 자리를 얻을 수 있도록 준비시킨다. 사회 계층 사다리의 맨 밑바닥에서 이 제도는 자신들의 운명에 불만을 품고 언제든 반란을 일으킬 준비가 된 프롤레타리아 군대를 만든다. 반면, 이 사다리의 맨 위에서는 경박한 부르주아지들이 만들어지는데, 그들은 국가에 회의적이면서도 잘 믿으며, 국가에 대해 맹목적으로 신뢰한다. 그러나 그들은 국가에 계속해서 적대감을 표현하는 것을 잊지 않으며 자신들의 잘못을 정부의 책임으로 돌린다. 그러면서도 정부의 개입 없이는 어떤 사업도 할 수가 없다.

이렇게 교과서를 통해 학위를 지닌 사람들을 제조하는 국가는 그들 중 소수만을 사용하고 나머지는 실업 상태로 방치한다. 그것은 결과적으로 소수를 먹여 살리는 것에만 만족해 남은 많은 사람을 그 소수의 적으로 만들어 버린다. 사회 계층 피라미드의 맨 위부터 맨 아래까지, 가장 말단의 사무원부터 교수와 지사까지, 학위를 가진 엄청난 수의 사람들이 양질의 직업을 둘러싸고 경쟁한다. 사업가가 식민지에 보낼 대리인을 찾는 데 어려움을 겪는 동안에도 수천 명의 구직자가 가장 말단의 공무원 자리라도 얻으려고 노력한다. 센 구 지역에만, 교원 자격증은 있으나 발령받을 자리가 없는 사람이 2만 명이나 있는데, 이들은 모두 시골이나 공장에서 일하는 것을 경멸하며 생계를 위해 국가만을 바라본다. 일자리가 제한되어 있어 부득이 불만을 품은 자의 수는 엄청나다. 이렇게 불만을 품은 자들은 혁명의 수장이 누구든, 혁명의 목표가 무엇이든 간에 혁명을 일으킬 준비가 되어 있다. 쓸모없는 지식을 습득하는 것은 인간을 반란으로 이끄는 확실한 방법이다.[*]

우리의 발걸음을 되돌리기에는 이미 너무 늦은 것 같다. 사람을 가르치는 최고 교육자인 경험만이 우리의 실수를 고통스레 보여줄

---

[*] 더욱이 이런 현상은 라틴 민족에게만 국한된 것이 아니다. 중국에서도 이 현상이 관찰되는데, 두꺼운 교과서를 열심히 외우는 것이 시험인 프랑스에서처럼 중국에서도 이 같은 경쟁시험을 통해 고위 관리나 말단 공무원직을 얻게 된다. 직업이 없는 교육받은 사람들의 군단은 현재 중국에서 진정한 국가 재앙으로 여겨진다. 인도에서도 마찬가지이다. 영국은 자국민들에게 하는 것처럼은 아니어도, 인도 원주민들이 기본적인 교육을 받을 수 있도록 인도에 학교를 세웠다. 이후 인도에는 바부족이라 불리는 교육받은 사람들의 특별한 계층이 형성되었다. 그리고 그들은 일자리를 얻지 못할 때마다 영국 당국의 화해 불가능한 적이 되었다. 바부족의 경우 영국이 그들에게 직업을 제공했든 못 했든, 영국이 그들에게 준 교육의 첫 번째 효과는 그들의 도덕적 기준을 낮추었다는 점이다. 이것은 나의 책《인도 문명》에서 내가 장황하게 주장한 사실이며, 이 거대한 반도인 인도를 방문한 저자들이라면 모두가 관찰한 사실이기도 하다.

것이다. 오늘날 젊은이들이 끔찍이도 싫어하는 농촌이나 공장, 식민지 기업 등에 가서 일하도록 유도할 산업 교육으로 우리의 끔찍한 교과서 교육과 한심한 시험제도를 대체할 필요성을 입증하는 것은 오직 경험만이 할 수 있는 일이다.

모든 계몽된 사람들이 지금 요구하고 있는 전문적인 교육은 과거에 우리 조상들이 받은 교육과 같다. 지식의 힘과 주도력, 기업정신으로 세계를 지배하고 있는 국가들 사이에 그러한 교육은 현재 아직도 활기를 띠고 있다. 위대한 사상가인 텐은, 내가 나중에 그 주요 부분을 인용할 그의 놀랄 만한 책에서 우리 프랑스의 예전 교육제도가 오늘날 영국과 미국에서 유행하는 것과 거의 같다는 사실을 분명히 보여주었고, 라틴계 교육제도와 앵글로·색슨 교육제도의 훌륭한 비교를 통해 그 두 제도가 초래한 결과를 분명하게 지적했다.

어떤 이는 고전적인 프랑스 교육이 불평 가득하고 인생에서 낙오한 사람들만 만들어 낸다 해도, 많은 양의 지식을 피상적으로 습득하고 수많은 교과서를 완전히 암기하여 지능 수준을 높일 수만 있다면 그 모든 단점에도 교육제도를 받아들이겠다 할지도 모른다. 그러나 그것이 정말로 지능 수준을 높일까? 절대 아니다. 인생의 성공 조건은 책을 암기하는 것으로는 얻지 못한다. 즉 판단력, 경험, 진취성 및 인격과 같은 자질을 소유해야 얻을 수 있다. 책은 참고할 때 유용한 사전일 뿐 머릿속에 책을 통째로 집어넣고 있는다 해도 아무짝에 쓸모가 없다.

그렇다면 직업적 교육은 어떻게 고전적인 교육이 도달할 수 없는 수준으로 지능을 발달시키는 것이 가능할까? 텐은 이것을 잘 설명하고 있다.

그는 다음과 같이 말한다.

생각이란 자연스럽고 정상적인 환경에서만 이루어진다. 젊은이가 매일 공장, 광산, 법원, 독서실, 건축 현장, 병원 등에서 도구나 재료들을 가지고 작업하면서, 고객이나 노동자들과 함께 일하면서, 일이 잘되든 아니든, 비용이 많이 들거나 수익성이 좋든 나쁘든 간에 이런 환경 속에서 일하면 그의 감각에 호소하는 무수히 많은 인상적인 경험을 통해 그의 생각은 성장한다. 그런 식으로 사소한 감각과 인식 들이 눈, 귀, 손, 발, 입, 심지어 코를 통해 의지와 상관없이 얻어진다. 이는 조용히 정교해지는 작업을 거쳐 젊은이의 머릿속에서 모습을 띠고 그에게 곧 새로운 결합물, 단순화, 경제, 개선, 발명 등의 형태로 암시된다. 프랑스의 젊은이들은 사회에 동화되기 위해 꼭 필요한 이 모든 요소와 접촉할 모든 기회를 박탈당한다. 7~8년 동안 학교에 갇혀 지내므로 인간과 사물, 그리고 그들을 다루는 다양한 방법에 대한 예리하고 정확한 개념을 갖게 될 직접적인 개인적 경험으로부터 단절되어 지내기 때문이다.

…… 적어도 10명 중 9명은 인생의 중요한 시기, 심지어 결정적인 시기인 몇 년간을 시간과 노력을 낭비하면서 보낸다. 대학 입학시험을 보는 젊은이들의 절반 또는 3분의 2는 낙방하며, 시험에 붙은 젊은이들의 절반 또는 3분의 2는 극도로 피곤한 상태이다. 어느 날은 의자에 앉아서 또는 칠판 앞에서 두 시간 동안 연속적으로 과학을 배우며 모든 인간 지식의 살아 있는 저장고가 되기를 요구당하는 것이다. 사실

그 두 시간 동안은 그들이 지식의 저장고처럼 보였을지 몰라도 한 달이 지난 지금은 더 이상 그렇지 않다. 대학 입학시험에 낙방한 학생들은 다시 시험을 치르는 것조차 힘들어진다. 부담스럽도록 너무 많은 지식을 주입한 탓에 극도로 피곤한 상태가 된 그들에게서 지식은 다 빠져나갔고, 그 빈 곳은 새로운 지식으로 대체되지 못했다. 그들의 정신적 활력은 쇠퇴하고, 비옥한 성장 능력은 메말라 갔다. 겉으로 보기에 잘 성장한 것처럼 보이는 사람도 있지만 사실은 신체적으로나 정신적으로나 기진맥진해 있는 경우도 종종 있다. 어떻게 정착에 성공해, 결혼하여 가정을 꾸리고 살아도 매일 체념한 채 다람쥐 쳇바퀴 도는 삶을 사느라 사회적으로는 많은 기능을 하지 못한다. 자신을 위해 적절한 성취도 하지만 그 이상은 없다. 이것이 바로 프랑스 교육이 가져온 평균 수확이다. 투자한 비용에 비해 수익이 부족하다. 그러나 1789년 이전의 프랑스 교육과 같은 식의 교육제도를 행하고 있는 영국과 미국은 투자 대비 그 수익이 동등하거나 더 우수하다.

그러고서 이 저명한 심리학자 텐은 우리 프랑스 교육제도와 앵글로·색슨족 제도의 차이점을 보여준다. 앵글로·색슨족은 프랑스처럼 수많은 특수학교를 갖고 있지 않다. 그들의 교육은 책을 바탕으로 하지 않고 실물을 바탕으로 한다. 엔지니어는 작업장에서 교육받지 학교에서 받지 않는다. 이러한 방법으로 젊은이들은 자신의 지능이 허락하는 대로 직공이나 작업반 반장이 될 수 있다. 적성에 맞는다면 엔지니어도 될 수 있다. 이런 방식은 열아홉 살이나 스무 살에 몇 시간 정도 걸리는 시험을 치러 개인의 인생에 걸친 경력을 결정하는 교육제도에 비하면 훨씬 더 민주적이고 사회에도 훨씬 더 큰 이익을 가져다준다.

병원, 광산, 공장, 건축가 또는 변호사 사무실에서 어린 나이에 일을 시작하는 학생들은 법률사무소에서의 서기나 스튜디오에서의 예술가처럼 수습 과정을 거치며 한 단계씩 성장한다. 실무를 배우기 전에는 몇 가지 일반 및 요약 과정을 배우는 기회가 있어 실무 교육을 통해 관찰하는 것들을 담을 기틀을 마련해 놓는다. 또한, 여가 시간에 따라갈 수 있는 여러 가지 기술 강좌를 수강할 수 있다. 그렇게 하여 실습과 이론을 조화시킬 수가 있다. 이러한 교육제도하에서는 실용적인 역량이 증가하고 학생의 능력에 정확히 비례하여, 그리고 앞으로 그가 하고자 하는 일이 요구하는 방향에 맞게 자신을 개발할 수 있다. 이런 식으로 영국이나 미국에서 젊은이는 재빨리 자기 능력을 최대한으로 개발할 수 있는 위치가 된다. 25세에는, 재료와 부품이 있다면 더 젊은 나이에도 그는 쓸모 있는 기술자일 뿐 아니라 스스로 사업을 시작할 수도 있다. 소위 기계의 한 부품만이 아니라 기계를 돌아가게 하는 심장인 모터도 될 수 있는 것이다. 이와는 정반대로, 세대가 거듭될수록 교육제도가 점점 더 중국과 비슷해지고 있는 프랑스에서는 그 낭비되는 힘의 총합이 엄청나다.

프랑스의 라틴계 교육제도와 실생활의 요구 사항 사이에 커져만 가는 격차와 관련하여 이 위대한 철학자 텐은 다음과 같은 결론에 도달한다.

아동기, 청소년기, 청년기의 세 단계에 걸친 교육에서 책을 바탕으로 학생들을 의자에 앉혀 놓고 하는 교육은 시험, 학위, 졸업장이나 자격증만을 목적으로 한다. 그리고 이런 부자연스럽고 반사회적인 제도는 실무를 배울 수 있는 시기를 한없이 늦추고, 기숙사 제도나 인위적인 훈련, 기계적 암기, 벼락치기, 너무 심하게 시키는 공부 등으로 학습에 할애하는 시간은 너무 길어지고 그 양은 과중해졌다. 성인이 되었을 때의 시간, 성인이 되어서 행할 기능들, 곧 그들이 처하게 될 실제 사회생활에 대한 고려는 전혀 없는 것이다. 움직이고, 적응하고, 순응할 미래에 대해 준비하고 갖추고 단련하는 과정은 이 교육제도에는 없다. 이 필수 불가결한 준비는 다른 어떤 것보다 더 중요하다. 이 믿음직스러운 상식과 배짱, 그리고 의지력을 우리 프랑스 학교들은 젊은이들에게 제공하지 못한다. 그들에게 다가올 확실한 미래에 대해 자격을 심어 주지는 못할망정 오히려 자격을 상실시킨다. 그 결과, 젊은이들이 사회에 첫발을 내디딜 때 그들은 흔히 연속해서 좌절하고 오랫동안 상처 입은 상태이기에 인생을 살아갈 힘마저 잃기도 한다. 삶이 그들에게 요구하는 시험은 가혹하고 위험하다. 그 과정에서 정신적, 도덕적 균형이 무너지면 다시 회복되지 않을 위험도 있다. 너무 갑작스럽고 완전한 환멸이 찾아온다. 기만이 너무 크고, 실망도 너무 쓰라리다.*

---

* 텐, 《현대 제도[Le Regime moderne]》 2권, 1894. 이 내용은 거의 마지막 쪽이다. 이 글은 위대한 철학자의 오랜 경험의 결과를 훌륭하게 요약하고 있다. 불행히도 내 생각에는 해외에서 살아 보지 않은 우리 프랑스 대학교수들은 전혀 이해할 수 없는 내용이다. 교육은 우리가 국민의 정신에 어느 정도 영향을 미칠 수 있는 유일한 수단이다. 프랑스에서 우리의 현재 교육제도가 급속한 퇴보의 심각한 원인이라는 점과 젊은이들을 고양해 주는 대신 품위를 깎아내리고 비뚤어지게 만든다는 것을 이해하는 사람이 거의 없다는 것은 슬픈 일이다. 텐의 글과 최근 폴 부르제가 그의 훌륭한 저서 《해외로[Outre-Mer]》에서 쓴 미국 교육의 관찰을 비교해 보는 것은 유용할 것이다. 그 역시 우리 교육이 주도권과 의지가 부족한 편협한 부르주아나 아나키스트(무력한 상투성

앞에 말한 것은 군중심리학과 상관없는 일일까? 당연히 아니다. 만약 우리가 오늘날 대중 속에서 싹트고 있고 미래에 피어날 생각과 신념을 이해하려면 땅이 어떻게 준비되는지 알 필요가 있다. 한 나라의 젊은이들에게 주어지는 교육을 보면 그 나라가 후에 어떻게 될지 알 수 있다. 프랑스 현세대가 받는 교육은 가장 우울한 전망을 보여준다. 교육은 부분적으로 대중의 정신적 수준이 높아지고 낮아지는 것에 기여한다. 결과적으로 대중의 마음이 현재의 교육제도에 의해 어떻게 영향받았는지, 어떻게 무관심하고 중립적인 대중이 유토피아를 말하는 수사학자들의 모든 암시를 기꺼이 받아들이려는 불만에 가득 찬 군중이 되었는지 보여줄 필요가 있다. 오늘날 사회주의자와 무정부주의자도 교실에 있고, 라틴 민족에게 다가오는 퇴락의 시기를 준비하는 곳도 교실이다.

이나 미친 파괴성으로 타락하는 문명화된 인간에게 똑같이 해로운 두 가지 유형)를 양산할 뿐이라고 지적한 후, 퇴보의 공장일 뿐인 프랑스 '리세(공립 학교)'와 인생을 훌륭하게 준비시키는 미국 학교를 비교한다. 이것은 진정 성찰해야 하는 대상이다. 이 비교는 진정한 민주주의 국가와 말로만 민주주의라고 외치고 그 사상에서는 현명하지 못한 국가 사이에 존재하는 커다란 격차를 보여준다.

2장

군중의 견해의 직접 요인

1. 이미지, 말, 공식

   말과 공식의 마법 같은 힘 ― 말은 진정한 의미와는 별개로, 그것이 불러일

   으키는 이미지와 결합하여 큰 힘을 갖는다 ― 이러한 이미지는 시대에 따

   라, 그리고 인종에 따라 달라진다 ― 말의 닳음 ― 많이 사용되는 말의 의미

   가 상당히 변하는 예 ― 대중에게 좋지 않은 영향을 낳는다고 생각되는 말

   에 새로운 이름을 부여하는 정치적 유용성 ― 인종적 차이에 따른 말의 의

   미 변화 ― 유럽과 미국에서 '민주주의'라는 단어의 다양한 의미

2. 환상

   환상의 중요성 ― 환상의 중요성은 모든 문명의 뿌리에서 찾을 수 있다 ―

   환상의 사회적 필요성 ― 군중은 항상 진실보다 환상을 선호한다

3. 경험

   경험만이 군중의 마음속에 필요한 진실을 심고 위험해진 환상을 파괴할 수

   있다 ― 경험은 자주 반복되는 조건에서만 효과적이다 ― 군중을 설득하는

   데 필요한 경험의 비용

4. 이성

군중에게 이성은 아무런 영향도 미치지 못한다 — 군중은 오직 그들의 무의식 정서에 의해 영향을 받는다 — 역사에서 논리의 역할 — 일어날 것 같지 않은 사건들의 비밀스러운 원인

우리는 방금 군중의 마음에 특별한 수용성을 부여하여 특정 정서와 생각이 자라나게 하는 간접 요인 및 준비 요인을 알아보았다. 이제는 직접 요인을 알아볼 차례이다. 우리는 이번 장에서 이러한 요소들이 완전한 효과를 내기 위해 어떻게 적용되는지를 살펴볼 것이다.

이 책 1부에서 우리는 군중의 정서, 생각, 그리고 이성적 사고에 대해 알아보았다. 이렇게 얻은 지식으로 우리는 보통 군중이 갖는 생각이 어떻게 생겨나는지 분명히 추론할 수 있게 되었다. 우리는 이미 무엇이 군중의 상상력을 자극하는지 알고 있으며, 특히 이미지의 형태로 제시되는 암시의 힘과 전염성에 대해 잘 알고 있다. 그러나 암시는 매우 다양한 곳으로부터 오기 때문에 군중의 마음에 작용할 수 있는 요소들도 상당히 다를 수 있다. 따라서 이들을 개별적으로 연구할 필요가 있다. 이것은 쓸모없는 연구가 아니다. 군중은 고대 우화 속의 스핑크스와 다소 비슷하다. 우리는 군중의 심리가 내놓은 문제들을 해결하거나 그 문제들에 삼켜지거나 해야 한다.

1. 이미지, 말, 공식

군중의 상상력을 연구할 때 우리는 특히 군중이 이미지가 만들어 내는 인상에 쉽게 영향받는다는 사실을 발견했다. 이러한 이미지는 항상 준비된 것은 아니지만, 말과 공식을 교묘하게 이용하면 쉽게 불러일으킬 수 있다. 기술을 사용하면 말과 공식은 실제로 신비한 힘을 갖게 된다. 과거에 마술사들이 하던 것과 똑같다. 말과 공식은 군중들의 마음속에 가장 무서운 폭풍우를 일으킬 수도 있고, 또 그 폭풍우를 가라앉힐 수도 있다. 말과 공식의 힘에 희생된 사람들의 뼈만 단순히 쌓아 올려도 고대 이집트 쿠푸왕의 피라미드보다 훨씬 높을 것이다.

말의 힘은 말이 불러일으키는 이미지와 연관되어 있지 실제 의미와는 전혀 무관하다. 말의 의미가 가장 잘못 정의되어 있을 때에야말로 말의 영향력이 가장 커지는 때이다. 예를 들어 민주주의, 사회주의, 평등, 자유 등이 그렇다. 그것들은 의미가 너무 모호해서 부피가 큰 책들조차 그것들을 정확하게 정의해 주지 못한다. 하지만 확실한 것은 그 짧은 음절들에 마치 모든 문제의 해답이 담긴 것처럼 마술 같은 힘이 달라붙는다는 사실이다. 말과 공식은 가장 다양한 무의식적 열망과 그 실현의 희망을 종합한다.

이성과 논증은 특정 말이나 공식에 비하면 아무 힘이 없다. 어떤 말이나 공식이 군중 앞에서 엄숙하게 발언되면 즉시 군중은 얼굴에 존경의 표정을 하고 모두 머리를 숙인다. 많은 사람에게 그 말과 공식은 자연의 힘 혹은 초자연적 힘으로 여겨진다. 그리고 군중의 마음에 웅장하고 모호한 이미지를 불러일으킨다. 군중을 에워싼 바로 이 모호함이 오히려 신비한 힘을 증폭시킨다. 마치 신자들이 두려움과 떨림으로 다가가는 예배당의 장막 뒤에 숨은 신들과도 같다.

말이 불러일으키는 이미지는 그 말의 의미와 무관하게 시대에 따라, 민족에 따라 달라진다. 물론 말의 공식은 일정하게 유지된다. 어떤 일시적인 이미지는 특정 말에 고정되어 있다. 즉 그 말은 그 이미지를 불러오기 위한 버튼 장치 같은 것이다.

모든 말과 공식이 이미지를 불러일으키는 힘을 가지고 있지는 않다. 한때는 특정한 힘을 가졌지만 사용 중에 힘이 사라지고 군중에게서 어떤 반응도 끌어내지 못하게 된 말과 공식도 있다. 그러면 그 말과 공식은 헛소리가 되어 그 말과 공식을 사용하는 사람이 그것에 반응하지 않아도 되게 만든다. 우리가 어릴 때 배운 몇 가지 공식과 상식만 잘 저장되어 있다면, 우리는 무엇이든 곱씹어 생각할 필요 없이 인생을 헤쳐 나가는 데 필요한 모든 것을 가진 것과도 같다.

특정 언어를 연구해 보면, 그 언어를 구성하는 말들이 시대가 지나도 다소 느리게 변하는 것을 볼 수 있을 것이다. 그러나 이 말들이 불러오는 이미지나 그 말들의 의미는 끊임없이 변화한다. 이것이 내가 다른 책에서 언어, 특히 죽은 언어를 완벽하게 번역하는 것은 절대적으로 불가능하다는 결론에 도달한 이유이다. 라틴어, 그리스어, 산스크리트어 표현을 프랑스어로 번역하는 일이나 2, 3세기 전에 우리 모국어로 쓰인 책을 이해하려는 노력이 실제로 무슨 의미가 있는지 모르겠다. 이는 우리와 전혀 유사하지 않은 고대 사람들의 삶의 조건에, 현대 생활이 우리의 지성에 부여한 이미지와 생각들을 억지로 끼워 맞추려는 시도에 불과하다. 프랑스 혁명의 주역들 스스로가 그리스인과 로마인을 모방하고 있다고 상상했을 때 그들이 한 일은 무엇이었을까? 그리스 로마어가 당시 실제 갖지도 않았던 의미를 부여하는 것 말고는, 그리스인들의 제도와 오늘날 그에 해당하는 말로 만들어진 제도 사이에 어떤 유사점이 존재할 수 있을까? 그 시대의 공화국 제도는 본질적으로 귀족 제도였고, 이는 절대적 복종 상태에 있던 군중을 다스리는 소수의 독재자로 구성되었다. 노예제를 기반으로 한 이 공동체적 귀족제는 노예제 없이는 한순간도 존재할 수가 없는 제도였다.

다시 한번 '자유'라는 말을 떠올려 보자. 사고의 자유라고는 당연히 없고 고대 도시국가의 신과 법, 관습에 내해 논의하는 것 사체가 가장 큰 범죄이던 당시의 '자유', 그리고 지금 우리가 의미를 부여하는 '자유'에는 어떤 유사점이 있을까? 아테네인이나 스파르타인에게 '조국'과 같은 단어는 어떤 의미였을까? 그들에게 조국은 그리스가 아니고 항상 전쟁을 치르며 경쟁 관계에 있던 각각의 도시국가였다. 즉 아테네나 스파르타를 조국으로 숭배한 것이다. 경쟁 부족과 종족으로 나뉘어 있고, 서로 다른 언어와 종교를 가지고 있었으며, 카이사르가 그 종족들과 동맹을 맺기 쉬웠으므로 결국 그에게 쉽게 정복당했던 고대 갈리아에서 '조국'이라는 단어는 어떤 의미였을까? 정치적, 종교적 통일성을 부여하여 갈리아에게 '조국'이라는 말을 부여해 준 것은 오직 로마뿐이었다. 멀리 올라갈 필요도 없이 불과 2세기 전 주권에 대항하여 외세와 손을 잡았던 콩데 공작과 같은 프랑스 왕자들에게 조국이 가지는 의미가 지금의 조국이라는 개념과 같다고 생각할 수 있는가? 또 프랑스 왕당파 망명자들에게도 조국이라는 단어는 그들만의 의미를 갖지 않았을까? 봉건법은 가신을 토양이 아닌 영주에게 귀속시켰다. 그래서 영주가 있는 곳이 진정한 조국이라 생각한 그들은 프랑스 체제에 반대하는 것이 명예로운 것이라 여겼고 실제로도 그렇게 했다.

많은 말이 시대에 따라 그 의미가 크게 달라졌고, 그 시대에 받아들여지던 의미를 이해하기 위해서는 큰 노력이 필요하다. 엄청난 공부를 해야지 우리의 조상들이 사용하던 왕이나 왕실 같은 단어들에 대해 이해할 수 있다. 그러니 훨씬 더 복잡한 말들의 경우에는 더 어렵지 않겠는가.

말은 이렇게 시대에 따라서, 민족에 따라서 뜻이 바뀌고 일시적으로만 특정한 의미를 갖는다. 그렇기에 우리가 말을 수단 삼아 군중에게 영향력을 행사하고자 한다면, 알아야 할 것은 바로 그 주어진 순간에 군중에게 받아들여지는 말의 의미가 무엇이냐는 것이다. 즉 이전에 가졌던 의미나 완전히 다른 정신 구조를 지닌 사람들에게 받아들여졌을 의미는 중요한 게 아니라는 것이다.

따라서 군중에게 정치적 격변이 일어나거나 신념이 변한 결과로 특정 말들이 불러일으키는 이미지에 군중이 심한 반감을 갖게 되었을 때, 진짜 정치가라면 첫 번째로 현상 자체는 손대지 않고서 그 현상을 명명하는 말을 바꾸어야 한다. 현상은 유전적 정신 구조와 너무 긴밀히 얽혀 있어 바뀌기 쉽지 않기 때문이다. 오래전 현명한 토크빌은 "프랑스 집정관 정부와 황제 정부*가 하는 일

---

* 나폴레옹 보나파르트는 1799년부터 1802년까지 프랑스 초대 집정관이었다.

이라곤 과거의 제도들에 새로운 이름을 붙이는 것이 전부이다."라고 말했는데, 이는 옳은 관찰이다. 그들 정부는 군중의 상상 속에서 불쾌한 이미지를 불러일으키는 단어를, 그런 이미지를 떠올리게 하지 않는 다른 단어로 대체한 것이다. '지대세'라 불리던 토지에 부과하던 세금은 그냥 '토지세'로, '염세'라 불리던 소금에 붙은 세금은 그냥 '소금세'로 바꿨으며, 상납세는 '간접 기부'나 '종합 의무'라는 말로 대체했다. 또 무역회사나 길드에 붙은 세금을 '사업 허가세'로 새롭게 명명한 것이 그 예이다.

정치가가 가져야 할 가장 필수적인 기술 중 하나가 군중이 원래 이름으로는 견딜 수 없는 것들을 대중적인 것으로, 아니면 차라리 아무런 느낌이 없는 어휘로 바꿔 주는 것이다. 말의 힘은 너무 커서 아무리 혐오스러운 것이라도 잘 선택된 용어로 지칭하면 군중이 받아들인다. 텐은 자코뱅당이 "아프리카의 옛 국가인 다오메 같은 전제정치를 하고, 종교재판소와 유사한 재판소를 세우고, 고대 멕시코에서 벌어진 인간 대학살을 자행할 수 있었던 것은 당시 매우 인기 있는 단어였던 자유와 동지애를 사용했기 때문"이라고 했는데, 이는 옳은 관찰이다. 옹호자의 기술과 마찬가지로 통치자의 기술은 무엇보다도 말을 사용하는 과학으로 구성된다. 이 기술의 큰 어려움 중 하나는, 하나의 동일한 사회에서 같은 단어가 사회계층에 따라 종종 매우 다른 의미를 갖는다는 것이다. 겉으로는 서로 다른 사회계층도 같은 말을 사용하는 것처럼 보이지만 그 의미

1804년 5월 프랑스 제국이 수립되었고, 1804년 12월에 교황 비오 7세가 나폴레옹을 황제로 즉위시켰다.

는 전혀 같지 않다.

앞선 예시들에서는 특히 시간이 말의 의미를 변화시키는 주요 요인이라고 했다. 그러나 인종이라는 요인도 이에 개입한다. 같은 시대의 똑같은 문명인들이지만 인종이 각기 다른 사람들 사이에서는 같은 단어가 매우 다른 뜻을 지니는 경우가 많다는 것을 알 수 있다. 여행을 많이 하지 않고서는 이러한 차이를 이해하는 것은 불가능하니, 더 이상 얘기하지는 않겠다. 다만 나는 다른 민족들 사이에서 의미 차이가 가장 많이 나는 말들은 대중이 가장 자주 사용하는 말이라고 언급해 두고 싶다. 예를 들어, 오늘날 자주 사용되는 '민주주의'와 '사회주의'라는 단어가 그런 경우이다.

실제로 라틴족과 앵글로·색슨족의 마음속에 그 두 단어는 상당히 상반된 생각과 이미지로 이해된다. 라틴족에게 '민주주의'라는 단어는 특히 국가로 대표되는 공동체의 의지와 주도권에 대한 개인의 의지와 주도권의 종속을 의미한다. 모든 것의 방향을 정하고, 중앙집중화, 독점화하며, 그리고 사회에 유통되는 모든 걸 제조해 내는 것 또한 국가의 책임이다. 급진주의자, 사회주의자 또는 군주주의자 등 모든 정파가 예외 없이 국가에 기댄다. 그러나 앵글로·색슨족, 특히 미국에서 이 단어 '민주주의'는 반대로 개인의 강렬한 의지의 발전과 경찰, 군대 및 외교를 제외한 영역, 심지어 공교육에서도 국가가 방향을 이끌지 않는, 즉 국민에 대한 국가의 완전한 종속을 의미한다. 그러므로 한 민족에게는 개인의 의지와 주도권의 종속, 그리고 국가의 우위를 의미하는 단어가 다른 민족에게는 개인 의지와 주도권의 과도한 발전과 국가의 완전한 종속을 의미하는 것이다.[*]

2. 환상

문명이 시작된 이래로 군중들은 항상 환상의 영향을 받아 왔다. 환상을 창조한 사람들에게 군중은 다른 어떤 계층의 사람들보다 더 많은 신전, 동상, 제단을 세워 주었다. 과거의 종교적 환상이든 현재의 철학적, 사회적 환상이든, 지구상에서 번영을 거듭한 모든 문명의 배후에는 항상 이 강력한 환상의 영향이 있었다. 칼데아와 이집트 신전과 중세 시대의 종교 건축물들 모두 이 환상의 이름으로 지어졌다. 100년 전 유럽도 환상이라는 이름하에 대격변을 겪었으니, 우리의 정치적, 예술적, 사회적 개념 중 군중이 겪는 강력한 인상, 즉 환상에서 자유로운 건 아무것도 없다. 때때로 끔찍한 혼란을 대가로 삼아 인간은 환상을 극복하기도 하지만, 그 환상들은 언제든 다시 나타나는 운명을 타고난 것처럼 보인다. 하지만 그런 환상이 없었다면 인간은 결코 원시 야만인 상태에서 벗어나지 못했을 것이다. 또 반대로 환상이 없다면 다시 그 야만 상태로 돌아갈 것이다.

환상이란 의심할 여지 없이 헛된 그림자이다. 하지만 이러한 헛된 환상이야말로 국가가 예술의 화려함, 위대한 문명을 보여주는 모든 것을 창조할 수 있게 한 힘이었다. "박물관과 도서관을 파괴하고, 종교가 영감을 준 모든 작품과 예술 기념물을 교회 앞 판석 위에 내동댕이친다면 인류의 위대한 꿈엔 무엇이 남을까? 인간들

---

* 나의 책《민족 진화의 심리 법칙》에서 나는 라틴 민주주의 이상과 앵글로·색슨 민주주의 이상의 차이점을 장황하게 주장했다. 폴 부르제도 그의 여행의 결과로 나온 《해외로[Outre-Mer]》라는 그의 최근 저서에서 나와 거의 동일한 결론에 도달했다.

은 희망과 환상 없이는 살 수 없다. 이런 희망과 환상을 인간에게 주기 위해 존재하는 것이 신과 영웅, 시인이다. 50년 동안 과학은 이들 대신 이 과제를 수행하는 것처럼 보였다. 하지만 과학은 감히 지킬 수 없는 약속을 많이 늘어놓지도 못하고, 거짓말도 못 하기 때문에 이상을 갈망하는 마음들에 이를 양보하고 말았다."*

지난 세기의 철학자들은 우리의 조상들이 긴 세월 동안 기대어 살아온 종교적, 정치적, 사회적 환상을 파괴하는 데 열정을 다 쏟았다. 이 환상들을 파괴함으로써 그들은 희망의 샘과 참고 기다리는 미덕의 원천을 다 말려 버렸다. 그렇게 불타 버린 환상의 뒤편에서 그들은 맹목적이고 침묵하는 자연의 힘과 마주했다. 그 자연의 힘은 약자에게 무자비하고 동정이라는 걸 몰랐다.

그리고 철학은 그 모든 발전에도 불구하고 아직 군중을 매료시킬 수 있는 이상을 제공하지 못했다. 그러나 군중은 어떤 대가를 치르더라도 환상을 가져야만 했기에 불을 찾아 날아드는 곤충들처럼 자신들에게 환상을 심어 주는 웅변가들에게 본능적으로 눈을 돌린다. 민족을 진화시키는 주요 요인은 언제나 오류였지 진실이 아니었다. 사회주의가 오늘날에도 그렇게 강력한 이유는 여전히 살아 있는 마지막 환상에 의해 지탱되기 때문이다. 모든 게 과학으로 증명되는 현실에도 사회주의는 계속 주목받고 있다. 사회주의의 강점은 현실을 너무 모르고, 또 용감하게도 인류에게 행복을 약속하는 사람들에게 옹호받는다는 사실에 있다. 사회주의의 환상은 오늘날 쌓여 있는 과거의 모든 폐허 위에서 군림하며 그 영

---

* 다니엘 르쥐외르(Daniel Lesueur).

향력을 미래에까지 행사하려 한다. 대중은 결코 진실을 갈망하지 않는다. 그들은 자신의 입맛에 맞지 않는 증거는 외면한다. 오류가 그들을 유혹한다면 그들은 차라리 오류를 신격화하기를 택한다. 그런 군중에게 환상을 심어 줄 수 있는 사람은 누구든 쉽게 그들의 주인이 될 것이다. 그러나 그들의 환상을 파괴하려 한다면, 그 주체가 누구든 그들의 희생양이 될 각오를 해야 할 것이다.

3. 경험

대중이 마음속에서 확고히 진실이라 믿는, 너무 위험스럽게 커져 버린 환상을 파괴할 수 있는 유일한 수단은 경험이다. 그러나 이를 위해서는 경험이 매우 큰 규모로 이루어져야 하고, 자주 반복되어야 한다. 한 세대가 겪은 경험은 대체로 다음 세대에게는 쓸모가 없다. 이는 역사적 사실을 증명하기 위해 인용되는 과거의 자료들이 아무 소용 없는 이유이다. 역사적 사실의 유일한 효용은 경험이 영향력을 발휘하기 위해서, 혹은 군중의 마음에 강력하게 자리 잡은 잘못된 견해를 조금이라도 흔들기 위해서는 몇 세대에 걸쳐 경험을 반복해야 하는지 증명하는 것뿐이다.

지금 세기와 그 이전 세기는 역사가들에 의해 호기심 많은 실험의 시대로 분명하게 언급되고 있다. 그 어떤 시대에도 이렇듯 많은 실험과 경험이 시도되지 않았다.

이러한 실험 중 가장 거대한 실험이 프랑스 대혁명이다. 한 사회가 순수이성의 명령에 따라 위에서부터 아래로 재구성될 수 없다는 것을 알아내기 위해 수백만 명이 학살당했고, 유럽은 20년 동안이나 심하게 혼란했다. 독재자가 그들을 찬양하는 국민에게 고통을 준다는 것을 알기 위해 50년 동안 파멸에 가까운 두 번의 경험이 필요했고, 이를 통해 그들이 목격한 명료함에도 군중은 아직 충분히 설득되지 않은 것 같다. 첫 번째 경험을 통해서는 300만 명이 희생된 끝에 외세에 침략당했으며, 두 번째 경험으로는 영토를 잃고 난 뒤에야 상비군의 필요성을 깨닫게 되었다. 그리고 얼마 전 세 번째 침략이 있을 뻔했고, 이는 언젠가 또다시 시도될 것이다. 30년 전에는 거대한 독일군이 일종의 무해한 국가 방위군*이라고 주장되었다. 그러나 그게 사실이 아니었음을 알기 위해서 세계는 너무나 희생이 컸던 끔찍한 전쟁을 치러야만 했다. 또한 보호무역은 국가를 돕는 게 아니라 망친다는 사실을 알기 위해서 재난과도 같은 20년간의 경험이 필요했던 것이다. 이런 사례들은 무수히 많다.

---

* 이 경우 군중의 의견은, 내가 앞에서 설명한 메커니즘인 서로 다른 것들의 어설픈 연결에 의해 형성되었다. 그 시대의 프랑스 방위군은 군사 훈련을 받지 않은 평화로운 상점 주인들로 구성되어 힘센 군대로 받아들여질 수 없었고, 무엇이든 비슷한 이름을 가진 것은 동일한 개념을 불러일으켰기에 결과적으로 방위군이라는 것이 무해한 것으로 간주되었다. 당시의 지도자들에게서도 군중의 일반화와 관련된 오류를 흔히 볼 수 있었다. 이는 최근에 출간된 올리비에의 책에서도 인용된 것인데, 1867년 12월 31일 국회에서 행한 연설에서 주로 군중의 의견을 따르기만 할 뿐 결코 주도하지는 못했던 정치가 티에르는, 프로이센은 프랑스와 비슷한 수준의 방위군을 보유하고 있을 뿐이라고 선언하며 경계하지 않아도 된다고 했다. 그의 단언은 철도가 미래에 별로 의미가 없을 것이라 했던 자신의 예견처럼 정확하지 못했다.

4. 이성

군중의 마음에 인상을 남길 수 있는 요소들을 열거하는 과정에서 이성의 부정적 영향력은 꼭 지적하고 넘어가야 할 것이다.

우리는 이미 군중이 이성적 사고의 영향을 받지 않는다는 것을 보여주었다. 군중은 사고할 때 여러 생각을 어설프고 성급하게 연결해 하나의 덩어리로 뭉뚱그려 이해한다. 청중에게 깊은 인상을 남기는 방법을 아는 연설가들은 항상 그들의 감정에 호소하지 이성에 호소하지 않는다. 논리의 법칙은 군중에게 작용하지 않는다.* 군중을 설득하려면 먼저 그들의 정서를 철저히 이해해야 한다. 그들을 움직이게 하는 정서를 먼저 이해하고 그들과 그 정서에 공감하는 척한 다음 어떤 명백한 암시적 관념을 기본적 연상에 의해 떠올리게 함으로써 그 정서를 바꾸려 노력해야 한다. 필요하다면

---

* 군중을 감동시키는 기술과 그것에 논리 법칙은 별 도움이 되지 않는다는 것을 내가 처음 관찰한 것은, 파리가 포위되어 있을 때 프랑스 정부가 들어서 있던 루브르궁으로 프랑스 육군 원수 V가 군중에 의해 호송되던 장면에서이다. 분노한 군중은 그가 프랑스 요새의 설계도를 프로이센에 팔아넘겼다고 단정했다. 이때 매우 유명한 연설가이자 정부 각료 중 한 명인 P가 죄수를 즉각 처형시키라고 요구하는 군중 앞에 연설하기 위해 나왔다. 나는 이 연설자가 피고인인 원수는 요새를 건설한 사람 중 한 명이며, 요새의 설계도는 이미 모든 서점에서 판매되고 있으므로 그의 혐의는 부조리하다고 지적할 줄 알았다. 그러나 당시 젊었던 나는 그의 연설이 상상도 못 한 내용이어서 깜짝 놀랄 수밖에 없었다. "재판은 행해질 겁니다." 연설자는 외쳤고, 이내 죄수를 향해 다가서며 "그것도 아주 엄격하게요. 국방부가 조사해서 결론을 맺겠습니다. 그동안 우리가 죄수를 구금하겠습니다." 했다. 이처럼 명백히 인정하는 태도에 군중은 진정되어 해산했고, 15분 뒤 그 원수는 무사히 집으로 돌아갈 수 있었다. 만약 연설자가 그 당시 내가 매우 설득력 있으리라 기대한 논리적 주장으로 군중을 다루었다면 육군 원수 V는 영락없이 군중의 손아귀에서 벗어날 수 없었을 것이다.

언제 그 정서가 시작된 것인지 되돌아가 보아야 하고, 무엇보다 순간순간의 담론이 낳는 군중의 정서를 파악할 수 있어야 한다. 연설을 하는 순간 생겨나는 효과에 따라 끊임없이 말을 바꿔야 할 필요가 있기에 고심해서 준비한 모든 연설은 무용지물이 된다. 준비된 대로 하는 연설에서는 듣는 군중의 생각이 아닌 자신만의 생각을 따라가는 것이기에, 바로 이런 이유만으로도 그의 연설은 영향력을 잃는다.

연설자 중에는 앞뒤가 맞는 이성적 사고에 의해 쉽게 설득되는 논리적인 정신의 소유자가 있기 마련이다. 이 같은 사람이 군중에게 연설할 때는 논리적 방식의 설득에 기댈 수밖에 없기에, 군중이 자신의 연설에 전혀 설득되지 않으면 이들은 놀라고 만다. 한 논리학자가 말하기를, "삼단논법, 즉 A=A라는 동일률의 조합에 기초한 보통의 수학적 결과는 필연적이다. 이러한 필연성은 무생물 덩어리라도 동일률의 조합을 따를 수만 있다면 옳다고 할 것이다." 라고 했다. 물론 이는 의심할 여지 없이 사실이다. 그러나 군중은 무생물 덩어리나 마찬가지여서 그러한 조합을 따라가지 못하며 심지어는 이해하지도 못한다. 예를 들어 야만인이나 어린아이와 같은 미개한 정신을 이성적 사고를 통해 설득하려고 시도한다면 이 논증 방식이 아무 가치가 없음을 이해하게 될 것이다.

이성적 사고가 정서와 싸워야 할 때의 무력함에 대한 통찰을 얻기 위해서 원시인처럼 미개한 존재까지 고려할 필요도 없다. 가장 단순한 논리에도 어긋나는 종교적 미신이 수 세기 동안 얼마나 끈질기게 믿어져 왔는지 생각해 보자. 2천 년에 가까운 시간 동안 가장 명석한 천재들도 미신의 법칙 앞에 무릎을 꿇었고, 근대에 이르러서야 그 진위에 대해 따져 보고자 시도했다. 중세와 르네상스 시대에는 계몽된 사람이 많았지만, 자신이 믿는 미신의 유치함에 대해 이성적 사고를 통해 생각해 본 사람도 없었고, 악마의 악행이나 마녀를 화형에 처해야 하는 필요성에 대해 조금이라도 의심해 본 사람 또한 없었다.

그렇다면 군중이 결코 이성에 의해 인도되지 않는다는 것을 통탄해야 할까? 우리는 감히 그렇다고 확언하지 못한다. 환상이 만들어 내는 열정과 배짱이 인류를 문명의 길로 끌어낼 동안 이성은 분명 아무 역할도 못 했을 것이다. 우리를 이끄는 무의식적 힘의 산물인 이 환상은 의심할 여지 없이 우리에게 필요한 것이다. 모든 종족은 그들의 정신 구조 안에 운명을 결정할 법칙을 가지고 있으며 저항할 수 없는 충동, 심지어는 가장 불합리해 보이는 충동 때문에 그 법칙에 복종한다. 그래서 때때로 어떤 민족들은 도토리를 참나무가 되게 하고 혜성이 자기 궤도를 따르게 하는 것과 같은 신비스러운 힘에 굴복하는 것처럼 보인다.

우리가 이 힘에 대해 작은 통찰이라도 얻으려면 한 민족의 진화의 일반적인 과정을 좇아야지, 이런 진화가 진행되는 것처럼 보이는 고립된 사실들에서 찾아서는 안 된다. 이런 개별적 사실들만을 고려한다면 역사는 일련의 우연으로 인한 결과로 보일 수 있다. 갈릴리의 한 목수가 2천 년 동안 전능한 신이 되고 가장 중요한 문명이 그의 이름으로 세워진 것도 우연으로 치부되거나, 사막에서 나타난 소수의 아랍 부족이 그리스·로마제국 대부분을 정복하고 알렉산더왕의 제국보다 더 큰 왕국을 세웠다는 사실 또한 있을 법하지 않게 된다. 그리고 발전된 지 오래되고 계층화가 체계적으로 이루어진 유럽에서 무명의 포병 중위가 수많은 민족과 왕들을 통치하는 일 또한 있을 법하지 않다고 생각될 것이다.

그러므로 이성은 철학자들에게 맡기고 이성으로 인간을 다스리겠다며 개입하는 것에 목매지 말자. 모든 문명의 근원이 되는 정서, 즉 명예와 자기희생, 종교적 신념, 애국심, 그리고 영예 등은 당연히 이성에 의해 만들어진 게 아니며, 오히려 이성에 반하여 만들어진 것이기 때문이다.

3장

군중 지도자들과 그들의 설득 수단

1. 군중 지도자들

   군중을 형성하는 모든 존재의 지도자에게 복종하려는 본능적 요구 — 군
   중 지도자들의 심리 — 군중 지도자들은 군중에게 믿음을 부여하고 군중
   을 조직화할 수 있다 — 지도자들의 강제적 독재 — 군중 지도자의 분류 —
   의지가 하는 역할

2. 지도자들의 행동 수단: 확언, 반복, 전염

   이러한 수단들의 각 특징 — 전염이 한 사회의 하층에서 상층으로 확산되
   는 방식 — 군중의 견해는 곧 일반적인 견해가 된다

3. 명망

   명망의 정의와 다양한 분류 — 획득된 명망과 개인적 명망 — 다양한 예시
   — 명망이 사라지는 과정

우리는 이제 군중의 정신 구조에 대해 익숙해졌고 또한 그들의
마음에 인상을 남길 수 있는 동기가 무엇인지도 알고 있다. 이제

이러한 동기가 어떻게 작용할 수 있는지, 그리고 누구에 의해 유용하게 사용될 수 있는지 알아보는 일이 남아 있다.

1. 군중 지도자들

동물이든 사람이든 일정한 수의 생명체가 모이면 그들은 본능적으로 우두머리의 권위 아래 자신들을 맡겨 버린다.

인간 군중의 경우 우두머리는 종종 주동자나 선동자에 지나지 않지만 상당한 역할을 한다. 우두머리의 의지는 군중의 의견을 모아 정체성을 확립하는 구심점이다. 그는 이질적인 군중을 조직화하기 위한 첫 번째 요소를 구성하고, 군중이 분파로 조직화할 길을 열어 주며, 그 과정에서 군중을 지휘할 수 있게 된다. 군중은 주인 없이는 아무것도 할 수 없는 노예의 무리와 같다.

지도자는 대부분 무언가에 이끌리던 사람 중에서 등장한다. 그는 군중이 갖는 어떤 생각에 따라 최면에 걸리고, 이후 그 생각의 신봉자가 되어 그 생각 밖에 존재하는 모든 것은 사라지고 반대 의견은 전부 오류나 미신으로 보일 정도가 되어 버린다. 루소의 철학적 사상의 최면에 걸려 종교재판의 방법을 동원해 그 사상을 전파한 로베스피에르가 그 예이다.

우리가 말하는 지도자들은 생각하기보다는 직접 행동하는 사람들이다. 그들은 예리한 선견지명을 가지고 있지 않다. 일반적으로 선견지명의 특성은 의심과 행동을 하지 않는 것으로 대부분 이어지기에 그들은 이런 특성을 보일 수도 없다. 그들은 특히 병적으로 긴장하고 흥분하며 반쯤 정신이 나간 사람들의 대열 앞에 선다. 그들이 지지하는 생각이나 추구하는 목표가 아무리 터무니없더라도, 그들의 신념은 너무 강해서 모든 이성이 사라질 정도이다. 경멸과 박해는 그들에게 아무 소용이 없으며 오히려 그들을 더욱 흥분시킬 뿐이다. 그들은 개인적인 이익과 가족을 포함한 모든 것을 희생한다. 자기 보존의 본능이 완전히 사라져 버렸기 때문에 그들이 요구하는 유일한 보상은 순교뿐인 경우가 많다. 그들이 가진 신념의 강렬함은 말이 갖는 암시에 큰 힘을 실어 준다. 군중은 군중을 위압할 줄 알고, 의지가 강한 사람의 말을 들을 준비가 항상 되어 있다.

군중 속에 모인 사람들은 모든 의지의 힘을 잃고, 자기들에게는 없는 자질을 가진 사람에게 본능적으로 향한다.

그렇기에 모든 지도자는 추종자들이 따를 만한 강력한 신념에 의해 움직여야 한다. 그러나 이러한 지도자들은 종종 교묘한 수사학자가 되어, 자신의 개인적인 이익만을 추구하며 군중의 가장 기본적인 본능을 설득하려 노력한다. 그들이 이렇게 발휘하는 영향력의 파급은 매우 클 수도 있지만 항상 일시적 현상에 불과하다. 군중의 영혼을 뒤흔든 열렬한 신념의 사람들, 즉 은둔자 피에르, 루터, 사보나롤라의 추종자들, 그리고 프랑스혁명의 주역들. 이들은 모두 스스로 어떤 신조에 먼저 사로잡힌 후에야 남들을 홀릴 수 있었다. 그래야만 그들은 동료들의 영혼에 신념이라고 알려진 강력한 힘을 불러일으킬 수 있으며, 이러한 신념은 인간을 오직 자신의 꿈만을 생각하는 노예로 만들게 된다.

신념이 종교적이든, 정치적이든, 사회적이든, 신념의 대상이 작품이든 사람이든 생각이든, 그러한 신념을 불러일으키는 것이 지도자들의 역할이었다. 그렇기에 언제나 지도자의 영향력은 클 수밖에 없었다. 인류가 사용할 수 있는 모든 힘 중에서 신념은 항상 큰 힘이었고, 복음서는 당연히 산도 움직일 만큼의 힘을 그러한 신념에 부여한다. 사람에게 신념을 부여한다면 그의 힘은 10배 가까이 늘어난다. 역사 속 위대한 사건들은 자기 자신을 믿는 신념 외에는 아무것도 가진 게 없는 무명의 신봉자들에 의해 벌어졌다. 세계를 뒤흔든 위대한 종교를 만들고, 지구의 절반이 넘는 곳을 지배한 광대한 제국을 건설한 사람들은 학식 있는 사람도, 철학자도 아니었으며 그렇다고 회의론자도 아니었다.

가장 높은 곳에서 가장 낮은 곳까지 사회의 모든 영역에서 인간은 홀로 존재하기를 멈추는 즉시 빠르게 지도자의 영향력 아래에 놓이게 된다. 사람들 대다수가, 특히 대중들 사이에서 그들은 자신의 전문 분야가 아닌 것에 대해 분명하고 논리적인 생각을 하지 못한다. 그래서 지도자들은 그들의 안내자가 되어 준다. 그리고 이런 안내자는 비록 비효율적일 수는 있으나 정기간행물에 의해 대체될 수 있다. 이러한 간행물은 독자들이 스스로 여론을 형성하고, 이론적으로 따져 보는 수고를 하지 않아도 쉽게 이해되는 상투적인 문구들로 가득 차 있다.

군중의 지도자는 매우 독재적인 권위를 행사하며, 이러한 독재성은 실제로 추종자를 확보하기 위한 조건이다. 비록 그들의 권위를 뒷받침할 수단이 없더라도 군중 지도자들은 쉽게 노동자계급, 그중에서도 가장 난폭한 사람들을 복종하게 만들 수 있고, 이는 자주 이야기되는 사례이다. 그들은 노동시간과 임금을 정하고 파업을 선언하며 파업은 그들이 명한 시간에 시작되고 끝난다.

오늘날 이러한 지도자들과 선동가들은 공권력이 의심받고 힘을 잃게 되면서 그에 비례하여 점점 더 공권력의 자리를 빼앗고 있다. 이 새로운 지배자들의 폭정은 결과적으로 군중이 어떤 다른 정부에 복종하는 것보다 훨씬 더 유순하게 그들에게 복종하게 만든다. 만약 어떤 사고나 다른 이유로 지도자가 제거된다면 군중은 응집력이나 저항의 힘이 없는 원래의 집단 상태로 돌아간다. 최근 파리 승합 마차 마부들이 마지막 파업을 벌이는 동안 그 파업을 주도하던 두 지도자가 체포되자 파업은 단번에 종료됐다. 군중의 영혼을 지배하는 것은 자유가 아니라 노예 상태이다. 군중은 복종에 대한 욕구가 너무 강해서 누군가가 자신을 주인이라고 선언하기만 하면 그 사람에게 본능적으로 복종한다.

이러한 우두머리나 선동자는 정확히 두 부류로 나눌 수 있다. 첫 번째는 에너지가 넘치고 의지가 강하지만 그랬다가 말았다가를 반복하는 사람들이다. 두 번째는 앞서 말한 사람들보다 훨씬 드물지만 계속해서 의지가 강한 사람들이다. 첫 번째 부류는 폭력적이고 용감하며 대담하다. 특히 그들은 위험에도 불구하고 군중을 이끌고 막 군중에 합류한 사람들을 영웅으로 변신시키기 위해 갑자기 부여된 폭력적인 진취성을 유용하게 발휘하는 사람들이다. 제1제정 시대의 네이와 뮈라가 이런 부류의 사람들이다. 그리고 우리 시대에도 그런 사람이 있다. 재능은 없지만 정력적인 모험가였던 가리발디는 훈련받은 군대에 의해 지켜지던 고대 왕국 나폴리를 소수의 인원만을 가지고 손에 넣는 데 성공했다.

그럼에도 이 부류의 지도자들이 가진 힘은 일시적이어서 그 힘을 발휘하게 한 자극적 원인보다 오래가지 못한다. 그들이 평범한 일상으로 돌아가면 방금 인용한 것처럼 강력한 힘에 사로잡혔던 영웅들은 놀랍도록 약한 사람이 되어 버린다. 다른 사람들을 그토록 잘 이끌 수 있었던 그들이지만 일상에서는 자기 성찰도 못 하고 가장 단순한 상황에서조차도 잘 대응하지 못한다. 이 사람들은 누군가가 자기 자신을 이끌어 주고 끊임없이 자극해 줄 때, 즉 항상 그들이 추종할 사람이나 생각이 있고 명확히 따를 행동 노선이 있을 때에만 지도자가 되는 부류이다. 두 번째 부류의 지도자는 머리는 덜 좋을지 몰라도 강한 의지를 지녀 훨씬 더 큰 영향력을 발휘한다. 이 부류에는 종교의 창시자나 커다란 위업의 지도자들이 해당하는데, 예를 들자면 성 바울, 마호메트, 콜럼버스, 레셉스 등이 그렇다. 그들이 지적이든 편협하든 그건 중요한 게 아니다. 그들이 군중을 이끌 때 세상은 완전히 그들 것이었다. 그들이 가진 끈질긴 의지력은 매우 드물게 나타나며 모든 것을 굴복시키는 엄청나게 강력한 능력이다. 강하고 지속적인 의지의 힘은 무한하기에 어떤 일을 이루어 낼지 알 수 없다. 자연도, 신도, 인간도, 그 무엇도 지속적인 의지에는 저항하지 못한다.

강하고 지속적인 의지가 어떤 영향을 미칠 수 있는지를 보여주는 가장 최근의 예시가 있다. 바로 동양과 서양의 세계를 분리하고 3천 년 동안 위대한 군주들이 시도했으나 실패했던 과업을 성취한 걸출한 지도자 레셉스이다. 그는 자신이 성취했던 과업과 동일한 사업을 나중에 또다시 시도했으나 실패했다. 그에게 자신의 의지조차도 굴복할 수밖에 없는 노년이 찾아왔기 때문이다.

단순히 의지의 힘만으로 무엇을 할 수 있는지 보여주고 싶을 때는 수에즈 운하를 파기 위해 극복해야 했던 어려움의 역사를 자세히 설명해 주기만 하면 된다. 그 과정을 눈으로 본 증인인 카잘리스 박사는 그 불멸의 지도자 레셉스가 설명한 위업의 전말을 단지 몇 줄로 요약했다.

그는 날마다, 운하를 건설하는 것에 대한 엄청난 이야기를 에피소드별로 들려주었다. 그는 자신이 극복해야만 했던 모든 것, 불가능한 것을 가능하게 만든 것들, 그가 만났던 모든 반대 세력, 그 반대 세력의 연합, 그리고 실망, 역전, 패배 등을 이야기하면서, 그렇지만 그것들이 절대로 자신을 낙담시키거나 우울하게 하지 않았다고 했다. 그는 어떻게 자신이 영국과 싸웠는지, 영국이 얼마나 집요히 자신을 공격했는지, 이집트와 프랑스는 얼마나 이 일에 주저했는지에 대해 떠올렸다. 또 작업 초기 단계에 가장 앞장서서 반대한 데다 노동자들에게 식수 공급을 끊어 갈증으로 일을 그만두게 하려는 시도를 꾀했던 프랑스 영사에 대해서도 이야기했다. 그리고 그 일에 당연히 적대적이었던 해양부 장관과 기술자들이 과학적 근거에 기대어 재앙이 다가온다고 확신하며 개기일식을 예언하듯 무슨 날 몇 시에 재난이 일어날 거라 떠들어 댔던 것에 관해서도 빼놓지 않았다.

이 위대한 지도자들의 삶을 이야기하는 책에는 많은 사람의 이름이 나열되어 있지는 않다. 하지만 언급된 이름들은 문명 역사에서 가장 중요한 사건들과 얽혀 있다.

2. 지도자들의 행동 수단: 확언, 반복, 전염

단기간에 사람들을 선동하여 어떤 위험한 행위를 하도록 유도하려면, 예를 들어 궁전을 약탈하거나 요새나 바리케이드 방어를 위해 죽음까지도 불사하게끔 만들려면 사람들에게 가장 빠른 암시를 통해 영향을 주어야 한다. 이런 암시를 위해서는 예시를 드는 것이 가장 효과적이다. 그러나 이 목적을 달성하기 위해서는 사람들이 특정한 상황에 부닥쳤을 때 암시에 영향을 받을 수 있도록 미리 준비되어 있어야 하며, 무엇보다도 이 목적을 달성하고자 하는 사람은 '명망'이라는 특성이 있어야 한다. 이는 나중에 더 자세히 살펴보겠다.

그러나 예를 들어 현대 사회이론과 같은 생각과 신념을 군중의 마음에 주입하고자 할 때 지도자들은 제각기 다른 방법을 사용한다. 그중 가장 명확히 주요하다고 규정되는 것은 확언, 반복, 그리고 전염이다. 이들은 다소 느리게 작동하지만 한번 발생하면 그 효과는 매우 오래 지속된다.

모든 추론과 증거가 배제된 순수하고 단순한 확언은 군중들의 머릿속에 특정 생각을 심는 가장 확실한 수단 중 하나이다. 확언이 간결할수록, 그리고 증거와 증명은 부족할수록 그 확언에 무게가 더 실린다. 모든 시대의 종교 서적과 법전은 항상 단순한 확언에 의존해 왔다. 정치적 대의를 옹호해야 하는 정치인들뿐만 아니라 광고를 통해 제품 판매를 촉진하는 기업가들도 확언의 가치를 잘 알고 있다.

그러나 확언은 지속적으로, 그리고 가능한 한 같은 용어를 써서 반복하지 않는다면 실질적인 영향력을 발휘하지 못한다. 내가 알기로 나폴레옹은 수사학에서 가장 중요한 것은 반복이라고 했다. 확언은 반복을 통해 군중의 마음속에 고정된다. 그리고 결국 군중은 그것을 입증된 진실로서 받아들인다.

매우 계몽된 사람들에게도 반복이 얼마나 강력한 영향을 미치는지를 보면 군중 속에서 반복이 미치는 영향을 이해하기가 쉽다.

이러한 힘은 진술이 장기적으로 반복되면 우리 행동의 동기가 형성되는 무의식의 심오한 영역에 그 진술이 배어들면서 생긴다. 어느 정도의 시간이 지나면 우리는 확언을 반복한 사람들이 누구인지도 잊어버리고 그 확언을 단순하게 믿어 버린다.

광고의 놀라운 힘은 이러한 상황을 가능하게 한다. 우리가 X사의 초콜릿이 최고라는 말을 백번 천번 읽으면 어디서나 그렇게 말하는 소리가 들리는 것 같고 끝내는 그것이 사실이라는 확신을 갖게 된다. 우리가 Y사의 밀가루를 먹고 어떤 유명한 사람이 우연히 고치기 힘든 병을 고쳤다는 말을 수천 번 들으면 당연히 비슷한 병이 생겼을 때 그 밀가루를 먹어 보고 싶을 것이다. 만약 우리가 항상 같은 신문에서 A는 완전한 사기꾼이고 B는 가장 정직한 사람이라는 기사를 읽는다면 반대 의견을 보이는 신문을 읽지 않는 한 이것이 진실이라고 확신하며 끝날 것이다. 확언과 반복은 어떤 것이 더하다고 말할 수 없을 만큼 둘 다 강력한 힘을 가진다.

확언이 충분히 반복되고 이 반복에 모두가 찬성하면, 모든 금융사를 인수할 만큼 부유한 유명 금융 기업의 경우처럼, 의견의 흐름이라고 불리는 것이 형성되고 강력한 전염 메커니즘이 개입한다.

생각, 정서, 감정, 신념은 군중 속에서 세균만큼이나 강한 전염력을 가진다. 이 현상은 매우 자연스러운 현상이다. 이런 현상은 동물이 우르르 모여 있을 때도 관찰된다. 마구간에 있는 말이 여물통을 깨물기 시작하면 마구간의 다른 말들이 그 행동을 모방할 것이다. 몇 마리의 양들이 공황에 사로잡혀 발작을 일으키면 그 공포는 곧 전체 양 떼로 확대될 것이다. 군중 속에 모인 사람들 간에는 모든 감정이 매우 빠르게 전염된다. 이러한 사실이 갑작스러운 공황을 설명해 준다. 광기와 같은 뇌 장애도 그 자체로 전염성이 있다. 정신과 의사들이 정신병에 걸리는 빈도가 높다는 사실은 이미 잘 알려져 있다. 실제로 어떤 연구에서는 최근 광장 공포증 같은 정신장애가 사람에서 동물로 전염된다고 인용한 바 있다. 각 개인이 전염되기 위해 동시에 같은 장소에 꼭 있어야 하는 것은 아니다. 모든 마음에 하나의 경향을 부여하고 군중 특유의 성질을 부여하는 사건이라면 멀리 떨어져 있어도 감염이 일어난다. 앞서 설명한 간접 요인의 영향을 받게 되면 이런 현상이 더 잘 관찰된다. 1848년 파리에서 발발한 후 유럽 전역으로 빠르게 확산해 수많은 왕정을 뒤흔든 혁명도 그 예이다.

사회현상에 많은 영향을 미치는 모방은 실제로는 전염이 끼친 영향에 불과하다. 나는 이미 다른 곳에서 그 영향력에 대해 보여주었으므로 내가 15년 전에 모방에 대해 말한 것만을 인용하겠다. 이 논지에 대해서는 다른 저술가들이 최근 출판물에서 더욱 발전시켰다.

인간은 동물처럼 모방하려는 본능이 있다. 어떤 것이 모방하기 쉬울 경우에, 인간은 필연적으로 모방을 한다. 이러한 필수성이 유행이라고 불리는 것의 영향력을 강하게 만든다. 의견 또는 생각에서든, 문학적 표현 혹은 단순한 옷차림의 문제에서든 유행에 반할 만큼 대담한 사람이 얼마나 있을까? 군중을 인도하는 것은 논증이 아니라 예시이다. 모든 시대에는 다수를 반응하게 하는 소수들이 있어 왔다. 그리고 다수는 무의식적으로 그 소수를 모방한다. 그러나 이러한 소수가 기존에 받아들여지는 통념을 너무 벗어나선 안 된다. 그렇게 되면 그들을 모방하는 것이 너무 어려워지고 따라서 그들의 영향력도 사라질 것이기 때문이다. 바로 이런 이유로 자신의 시대보다 지나치게 앞선 사람은 일반적으로 그 시대에 영향을 미치지 못한다. 구분의 경계가 너무 뚜렷하기 때문이다. 같은 이유로 유럽인들은 그들 문명의 모든 장점에도 불구하고 동양인들에 대한 영향력이 매우 미미하다. 동양인들은 그들과 너무 많이 다르기 때문이다.

지나간 시간과 상호 모방이라는 두 가지가 작용하면 장기적으로 볼 때 같은 나라, 같은 시대의 모든 사람을 아주 비슷하게 만드는 게 가능하다. 그래서 이러한 이중 작용의 영향을 받지 않을 것 같은 철학자, 지식인, 작가 들의 사고와 스타일이 비슷하게 묶인다면 그들이 어떤 시대에 살았는지 단번에 알 수 있다.

그러므로 그가 읽는 책, 직업, 그리고 살고 있는 환경 등을 알기 위해 어떤 개인과 오래 이야기할 필요는 없다.*

전염은 매우 강력하여 개인에게 특정 의견을 강요할 뿐 아니라

---

* 귀스타브 르 봉, 《인간과 사회》 2권 116쪽, 1881년.

감정을 느끼는 특정 방식도 강요한다. 〈탄호이저〉처럼 어떤 기간에는 경멸의 대상이던 작품이 몇 년 후 그 작품을 비판하는 데 가장 앞장섰던 사람들로부터 감탄을 자아내기도 한다.

군중의 의견과 신념은 전염을 통해 특별하게 전파되는 것이지, 결코 이성적 사고에 의해 전파되지 않는다. 현재 노동계급 사이에 만연한 생각이나 개념은 선술집에서 행해진 확언, 반복, 전염의 결과들이며 실제로 군중의 신념을 창조하는 방식이다. 이는 어느 시대나 같다. 르낭은 "선술집에서 선술집으로 사상을 전파하는 사회주의 노동자들"을 기독교의 최초 창시자들이라며 옳게 비유하고 있다. 볼테르는 이미 기독교를 두고 "백 년이 넘는 기간 동안 가장 사악한 사회 하층민들에 의해서만 받아들여졌다."라고 말한 바 있다.

전염은 대중계급 사이에서 이루어진 다음 더 높은 사회 계급으로 퍼진다는 것에 주목해야 한다. 오늘날 사회주의자들의 교리에서도 우리는 같은 현상을 보고 있다. 사회주의는 전염의 첫 희생자가 될지도 모르는 대중계급에 의해 받아들여지기 시작했다. 전염은 매우 강력한 힘을 가지고 있기에 개인적인 이해관계조차도 전염의 작용 아래에서는 사라지고 만다.

대중에게 우세한 견해가 아무리 터무니없어 보여도 이 견해는 언제나 가장 높은 사회계층에게로 강하게 전염된다. 이러한 전염작용 속 군중의 신념이 된 생각은 원래 높은 계층의 사회에서 시작된 것인데, 정작 그 사회에는 아무 영향을 미치지 못했다. 사라지지 않고 남아 있던 이 생각은 군중이 할 수 있는 것보다도 높은 차원의 생각인데도, 군중이 그 생각을 기반으로 신념을 만들어 역으로 높은 사회계층에게 영향을 준다는 상황이 신기한 이유이다. 지도자들과 선동가들은 이 높은 차원의 생각에 사로잡힌 후 이 생각을 장악하고 왜곡하여 새로운 종파를 만든다. 그러면 이 종파는 그 생각을 또 새롭게 왜곡하여 대중에게 전파하는데, 대중은 그 왜곡된 생각에 또 한 번 왜곡의 과정을 반복한다. 이 생각은 대중적인 진리가 되고 나면 그것이 나온 근원으로 다시 돌아가 한 국가의 상류층에 영향력을 행사한다. 장기적으로 보면 세계의 운명을 결정하는 것은 지성이지만, 지성은 참으로 길고 간접적인 경로를 거쳐야만 영향력을 발휘할 수 있다. 즉 그 생각을 낳고 진화시키는 철학자들이 다 죽고 난 후에야 방금 내가 설명한 과정에 의해 그 생각은 결실을 보고 승리하게 된다.

3. 명망

확언, 반복, 전염을 통해 전파되는 생각은 신비하게도 명망을 얻어 강력한 힘을 갖게 된다.

생각이든 사람이든 세계를 지배했던 힘은 '명망'이라는 단어로 표현되어 누구도 거부할 수 없는 권위를 강제로 행사할 수 있었다. 명망이라는 단어는 누구나 그 의미를 알지만 너무나도 다양하게 사용되어 정의 내리기가 쉽지 않다. 그러나 명망은 존경이나 두려움과 같은 정서를 품고 있다고 할 수 있다. 때때로 존경이나 두려움이 명망의 기반이 되기도 하지만, 명망은 이것들 없이도 충분히 존재한다. 가장 위대한 명망은 죽은 사람들, 즉 알렉산더, 카이사르, 마호메트, 부처와 같이 우리가 더 이상 두려워하지 않아도 되는 존재이다. 또 한편으로는 인도의 지하 사원 등에 모셔지는 괴물 같은 신들도 명망을 지니는데, 이들은 우리가 존경하지 않는 가상의 존재들임에도 불구하고 큰 명망을 갖는다.

현실에서의 명망이란 개인이나 작품, 어떤 생각 등이 우리 마음을 지배하는 것이라 할 수 있다. 이러한 지배는 우리의 비판적 능력을 완전히 마비시키고, 우리의 영혼을 놀라움과 존경으로 채운다. 다른 모든 정서가 그렇듯 설명하기는 어렵지만, 이렇게 불러일으켜진 정서는 사람을 자석으로 잡아당기는 듯한 힘을 가진다. 일종의 매혹이라고 할 수 있다. 명망은 모든 권위의 근원이다. 신도, 왕도, 여성도 명망 없이 누군가를 지배할 수는 없다.

다양한 종류의 명망은 크게 두 가지로 분류할 수 있다. 획득된 명망과 개인적 명망이다. 획득된 명망은 이름, 재산, 명성에서 비롯된 것이다. 그것은 개인적 명망과는 무관할 수 있다. 반면에 개인적 명망은 본질적으로 개인이 가진 고유한 것이다. 그것은 명성, 명예, 재산과 공존할 수도 있고, 그러한 부가 요소로 강화되기도 하지만 그것들 없이도 완벽하게 존재할 수 있다.

획득된 또는 인위적인 명망은 가장 흔하다. 개인이 특정 직책을 맡고 있거나, 특정 재산을 소유하고 있거나, 특정 직함을 가지고 있다는 사실만으로도 그는 개인적 가치와 상관없이 명망을 얻는다. 군복을 입은 군인, 법복을 입은 판사도 항상 명망을 누린다. 파스칼은 판사가 법복과 가발을 쓰는 것이 필수라고 매우 적절히 지적했다. 그것을 입고 쓰지 않으면 판사들은 권위의 절반을 박탈당할 것이다. 가장 꼿꼿한 사회주의자도 항상 왕자나 후작의 모습에 어느 정도는 감명받는다. 그러한 직책을 가지면 상인을 쉽게 속일 수 있다.*

내가 방금 말한 명망은 사람이 갖는 것이지만, 여론, 문학 및 예술 작품 등의 명망도 그 옆에 나란히 놓을 수 있다. 그러나 후자의 명망은 대부분 축적된 반복의 결과일 뿐이다. 특히 역사, 문학, 예술사 등은 아무도 검증하려 하지 않는, 똑같은 판단의 반복에 지나지 않기에 누구도 감히 이의를 제기하지 못하는 이름과 사물들이 존재하게 된다. 현대의 독자들이 호머를 읽는 것이 아무리 지루해도 누가 감히 지루하다고 말할 수 있을까? 파르테논 신전은 폐허가 된 현재 상태로는 아무 관심도 못 받고 있다. 그러나 현재의 우리가 실제로 보지 못한다 해도 명망은 역사적 기억을 불러일으킨다. 명망의 특징은 우리가 사물을 있는 그대로 보지 못하도록 판단력을 완전히 마비시킨다는 점이다. 군중은 항상, 그리고 개인도

---

* 직위나 훈장, 제복이 군중에게 미치는 영향은 모든 국가에서 찾아볼 수 있다. 심지어 개인적인 독립성 정서가 가장 강하게 발달한 국가에서도 그렇다. 이와 관련하여 최근 읽은 여행에 관한 책에서 영국의 위인들이 누리는 명망에 대한 흥미로운 구절을 발견하여 여기 인용한다. "나는 여러 가지 상황에서는 가장 합리적인 영국인들이 영국 귀족을 보거나 접촉할 때 마치 무언가에 홀린 듯 행동하는 것을 관찰했다. 그 귀족이 점잖을 빼는 사람이라면 그는 자신이 만나는 사람들이 자신을 좋아하리라 확신하고 행동한다. 그들은 그 귀족에게 너무 매혹되어 있어 급한 일도 다 잊는다. 그 귀족의 접근에 기쁨을 느껴 얼굴이 붉어지고, 그가 그들에게 말을 걸면 억눌린 기쁨에 얼굴이 더 붉어지고 눈은 특별한 광채로 빛난다. 스페인 사람들의 춤에 대한 사랑, 독일인의 음악에 대한 사랑, 프랑스인이 혁명을 좋아하는 것과 마찬가지로 영국인들의 피에는 귀족에 대한 존경이 흐른다. 말과 셰익스피어에 대한 영국인들의 열정이나 만족, 자부심은 귀족에 대해 느끼는 감정에 비할 바가 못 된다. 귀족을 다룬 책은 불티나게 팔리고 있으며, 어디를 가나 마치 성경책처럼 모든 사람의 손에 들려 있는 것을 발견할 수 있다."

대게는 모든 주제에 대해 이미 만들어진 견해가 필요하다. 이러한 견해는 그것이 진실이든 오류든 상관없이 오직 그 명망에 의해서만 채택된다.

이제 개인적인 명망에 대해 말해 보겠다. 그 성격은 내가 방금 말한 인위적 또는 후천적 명성과는 매우 다르다. 그것은 모든 직위와 모든 권위로부터 독립된 능력이며, 사회적으로 평등하고 타인을 지배하기 위한 수단도 전혀 없지만, 주변 사람들에게 자신의 매력을 진정하게 행사할 수 있는 소수의 사람만이 가지고 있다. 그들은 주변 사람들에게 자기 생각과 감정을 주입하고 사람들은 쉽게 그들에게 순종한다. 이러한 모습은 마치 조련사를 쉽게 잡아먹을 수 있음에도 조련사에게 복종하는 야생동물과 같다.

부처, 예수, 마호메트, 잔 다르크, 나폴레옹 등 군중을 이끄는 위대한 지도자들은 이러한 형태의 명망을 높은 수준으로 소유했으며, 특히 그들이 얻은 지위 덕분에 높은 명망을 얻을 수 있었다. 신, 영웅, 교리는 자신만의 내적인 힘의 세상에서 명망을 가진다. 그것들은 논의 가능한 문제가 아니며 논의하는 순간 명망은 사라지게 된다.

내가 방금 인용한 위대한 인물들은 유명해지기 훨씬 전부터 매혹하는 힘을 지니고 있었고, 그것이 없었다면 결코 유명해지지 못했을 것이다. 예를 들어, 나폴레옹은 영광의 절정에 이르렀을 때 그가 권력을 지녔다는 단순한 사실만으로도 엄청난 명망을 얻었다. 그러나 그는 권력이 전혀 없고 완전히 무명일 때에도 이미 부분적으로는 명망을 부여받고 있었다. 무명의 장군이었던 그가 바라스 백작의 유력한 비호 아래 이탈리아 군대를 지휘하게 되었을 때, 그는 프랑스 총재정부가 파견한 젊은 침입자를 적대적으로 대하는 거친 장군들 사이에 놓이게 되었다. 나폴레옹은 그 장군들과의 첫 만남에서 아무 말도, 몸짓도, 위협도 하지 않았으나, 그런 나폴레옹을 본 장군들은 곧바로 그에게 정복당했다. 역사학자 텐은 회고록 등에 의존하여 장군들과 나폴레옹의 만남을 흥미롭게 설명한다.

뻐기기 좋아하고 무례하며 자신의 큰 키와 용맹함을 자랑스러워하는 오주로 장군을 포함한 사단장들은 급격히 출세하여 파리에서 파견된 키 작은 나폴레옹을 보기 위해 총사령부에 도착했다. 나폴레옹의 이력을 읽어 본 뒤 오주로 장군은 절대 그에게 복종하지 않겠다고 다짐했다. 그 이력을 요약하면 다음과 같다. '바라스의 총애를 받는 나폴레옹은 방데미에르의 사건을 진압했으며 시가전에 능하다. 수학가나 몽상가라는 평판을 지닌 그는 언제나 홀로 생각에 잠겨 있기 좋아해 마치 곰처럼 보인다.' 나폴레옹은 장군들을 기다리게 했다. 마침내 검을 들고 모자를 쓰고 나타난 나폴레옹은 자신이 취한 병력 조치를 설명하고 명령을 내린 뒤 장군들을 해산시켰다. 오주로 장군은 나폴레옹 앞에서는 아무 말도 못 하고 있다가 총사령부를 나와서야 침착을 되찾고 평소처럼 욕을 퍼부어 댔다. 그러나 그는 이 작은 악마 나폴레옹이 경외감을 불러일으켰다고 인정했고, 그것은 같이 있던 마세나 장군도 마찬가지였다. 오주로 장군은 처음 순간부터 자신이 압도당한 이유를 이해할 수가 없었다.

나폴레옹의 명망은 시간이 지날수록 그의 영예에 비례하여 증

가했고, 그를 추종하는 사람들의 눈에 그는 신에 버금가는 존재이
자 위인이었다. 혁명에 참여한 또 다른 장군인 방담은 오주로 장군
보다 더 잔인하고 정력적이었던 거친 장군이었는데 1815년, 튈르
리 계단을 같이 오르던 다르나노 원수에게 이렇게 말했다.

그 악마 같은 남자는 저 자신도 이해할 수 없는 매혹을 발휘합니다.
저는 신도 악마도 두려워하지 않지만 나폴레옹 앞에만 있으면 아이처
럼 덜덜 떨립니다. 그는 저를 바늘구멍이라도 뚫고 들어가게 하고 불
구덩이에라도 뛰어들게 만들 수 있을 것만 같습니다.

나폴레옹은 그와 접촉하는 모든 사람에게 그런 매혹을 발산
했다.*

다부 장군은 나폴레옹에 대한 정치가 마레와 자신의 충성심에
대해 이렇게 말하곤 했다.

---

* 나폴레옹은 자신의 명망을 철저하게 의식하고 있었기 때문에 주변의 위인들을 마부
보다도 못하게 대우함으로써 더욱 그 명망을 증가시켰다. 나폴레옹에게 그런 취급을
받은 사람 중에는 유럽을 공포에 떨게 했던 국민공회의 저명한 인물들도 있었다. 당시
의 소문에는 이 사실을 보여주는 예시가 많다. 어느 날 국무회의에서 나폴레옹은 정
치가 뷔뇨에게 심한 모욕을 주며 그를 무례한 하인 대하듯 취급했다. 그런 행동이 잘
먹혀들자 나폴레옹은 뷔뇨에게 다가가 "이 멍청이, 머리는 어디에다 두었나?"라고 말
했다. 그러자 군악대장만큼이나 키가 큰 뷔뇨는 매우 낮게 자세를 구부렸고, 나폴레
옹은 손을 올려 뷔뇨의 귀를 잡아당겼다. 그러나 뷔뇨는 그러한 행동을 은혜를 베푸
는 주인의 친숙한 몸짓, "호의의 표시"라고 적고 있다. 이러한 예는 명망이 얼마나 사
람을 굴욕적으로 만들 수 있는지 분명하게 보여준다. 독재자가 주위 사람들을 얼마나
경멸하고 단순히 총알받이로 여기는지 이해할 수가 있는 것이다.

가상이지만 황제가 우리에게 파리에서 한 사람도 떠나거나 탈출하지 않고 파리가 파괴되어야 자신의 정책에 이롭다고 말한다면, 마레는 그 비밀을 지켰을 것이라고 확신한다. 그러나 그는 자기 가족조차 도시를 떠나지 못하게 하면서까지 비밀을 지키진 못했을 것이다. 반면에 나는 진실이 새어 나갈까 두려워서 아내와 아이들을 파리에 남게 할 것이다.

나폴레옹이 엘바섬에서 프랑스로 돌아오게 된 사건을 이해하고, 또 그의 폭정에 질린 위대한 한 국가의 조직된 힘에 맞서야 하는 고립된 한 인간일 뿐이었던 나폴레옹이 어떻게 단숨에 국가를 다시 정복할 수 있었는지를 이해하려면 바로 이 매혹의 놀라운 힘이 작용했다는 것을 명심해야 한다. 나폴레옹은 그를 잡아 오기 위해 보내진 장군들을 단지 바라보기만 했을 뿐이다. 그러자 그 장군들 모두는 말할 것도 없이 나폴레옹에게 굴복하고 말았다.
영국의 울즐리 장군은 이렇게 썼다.

나폴레옹은 거의 혼자서, 자신의 왕국이었던 작은 섬 엘바에서 도망자 신분으로 프랑스에 상륙했고, 몇 주 만에 유혈사태 없이 합법적인 왕 아래에서 프랑스의 모든 조직적 권위를 뒤엎는 데 성공했다. 한 인간이 개인적인 영향력을 행사하는 데 이보다 더 놀라운 방식이 있을까? 그는 마지막 원정에 나서서는 처음부터 끝까지 연합군에 자신의 권위를 행사했고, 그들을 거의 처부수기 직전까지 몰아세웠다는 것은 얼마나 놀라운 일인가!

그의 명망은 그가 죽고 나서도 계속 커졌다. 무명인 그의 조카를 황제로 만든 것도 그의 명망이다. 그의 전설이 현재에도 부활하는 것을 보면 그의 기억이 얼마나 강력한지 알 수 있다. 명망을 가지고 있고 그것을 유지하는 재능이 있는 사람이라면 사람들을 학대하고 수백만 명을 학살하고, 침략에 침략을 거듭한다 해도 모든 것이 허용되는 것이다.

나는 물론 명망에 대해 아주 예외적인 예를 들었지만, 위대한 종교, 위대한 교리, 위대한 제국의 기원을 이해하는 데 명망은 매우 유용하다. 명망에 의해 군중에게 행사된 힘이 없었다면 종교나 교리, 제국의 성장은 이해될 수 없다.

그러나 명망은 개인적 출세, 군사적 영광, 종교적 공포에만 기반을 두는 것은 아니다. 시작이 소박하여도 여전히 상당한 의미를 지닐 수 있다. 우리는 지난 역사에서 몇 가지 예를 찾을 수 있다. 후손들이 오래도록 기억할 가장 인상적인 사례 중 하나는 두 대륙을 분리함으로써 세계의 외형과 국가 간의 상업적 관계를 바꾼 걸출한 인물, 레셉스의 역사에서 찾을 수 있다. 그가 사업에서 성공할 수 있었던 것은 그의 강한 의지 덕분이기도 했지만, 그를 둘러싸고 있는 사람들을 매료시킨 덕분이기도 했다. 그의 의견이 만장일치의 반대에 부딪히면 그는 그저 자기 모습을 나타내기만 하면 되었다. 그가 짧게만 말해도 그의 매력 앞에서 반대자들은 모두 그의 친구가 되었다. 특히 영국인들은 그의 계획에 격렬하게 반대했는데, 그가 영국에 모습을 드러내니 모두 찬성으로 생각이 돌아섰다. 후에 그가 사우샘프턴을 지날 때면 그가 지난다는 것을 알리는 종이 울렸고, 현재 영국에서는 그를 기리기 위해 동상을 세우려는 움직임이 일어나고 있을 정도이다.

정복할 것이 인간이든 사물이든, 습지, 바위, 모래 쓰레기든 간에 그는 더 이상 장애물에 대해 걱정하지 않았고, 수에즈 운하를 파나마에 다시 짓기를 원했다. 그는 옛날과 같은 방법으로 운하 건설을 다시 시작했다. 그러나 그때는 그가 이미 나이 든 후였다. 산을 움직이겠다는 강한 믿음과 의지조차도 이제는 산이 너무 높다는 생각에 약해진 때였다. 그렇게 산들이 저항했고, 뒤이어 닥친 재앙은 영웅을 감싸고 있던 후광을 파괴했다. 그의 삶은 명망이 어떻게 성장하고 어떻게 사라지는지를 보여준다. 역사상 가장 유명한 영웅들과 어깨를 나란히 했던 그는 조국의 판사들에 의해 가장 익힐한 범죄자의 반열에 올랐다. 그가 죽었을 때 그의 관은 아무 관심도 받지 못하고 무관심한 군중 사이로 지나갔다. 외국의 왕들만이 그를 역사상 가장 위대한 인물 중 한 사람이라고 경의를 표했다.*

---

* 오스트리아 빈의 신문인 《노이에 프라이에 프레세》는 레셉스의 운명에 대해 가장 현명한 심리적 통찰이 돋보이는 기사를 실었다. "페르디낭 드 레셉스의 유죄 판결 후 이제 아무도 더 이상 크리스토퍼 콜럼버스의 슬픈 최후에 대해 놀랄 권리가 없다. 레셉스가 사기꾼이었다면 모든 고귀한 환상은 범죄이다. 고대는 레셉스의 기억에 영광의 왕관을 씌우고 올림포스 한가운데서 신의 술을 마시게 했을 것이다. 레셉스는 땅의 얼굴을 바꾸고 신이 만든 창조물을 더 완벽하게 만들었기 때문이다. 항소 법원장은 레셉스에게 유죄 선고를 내려 자신의 이름을 후세에 남겼다. 왜냐하면 국민은 동시대 사람들에게 그 삶이 영광이었던 한 노인에게 유죄의 이름을 씌움으로써 자신의 시대를 모독하는 것을 두려워하지 않았던 자가 누구인지 궁금해할 것이기 때문이다. 대담한 업적에 대해 관료주의가 증오를 퍼붓는 곳에서 더 이상 융통성 없이 정의에 대해 논의하지 말기 바란다. 국가는 자신을 믿고, 개인의 안전을 염려하지 않고서 모든 장애물을 극복하는 대담한 사람을 필요로 한다. 천재는 신중할 수 없다. 신중함으로는 인간 활동의 영역을 넓힐 수 없다. …… 페르디낭 드 레셉스는 승리의 환희와 실망

방금 인용한 다양한 사례는 여전히 극단적인 경우들이다. 그러나 명망의 심리를 자세히 살펴보기 위해서는 종교와 제국의 창시자부터, 새 옷이나 장식으로 주위 사람들을 현혹하려고 노력하는 개인에 이르기까지 일련의 예 중에서 극단적인 것들을 살펴보는 게 필수적이다.

이러한 예들의 양극단 사이에는 문명을 구성하는 다양한 요소들, 즉 과학, 예술, 문학 등으로부터 나오는 명망의 모든 형태가 있다. 그리고 명망은 설득의 근본적 요소라고 볼 수 있다. 의식적이든 아니든, 명망을 띤 존재, 생각 또는 사물은 전염의 결과로 즉시 모방되며, 한 세대 전체가 느낌과 생각을 표현하는 특정 방식만을 채택하도록 강요한다. 게다가 이러한 모방은 원칙적으로 무의식적이기 때문에 완벽할 수 있는 것이다. 일부 원시시대의 옅은 색채와 경직된 자세를 모방하는 현대 화가들은 그들 영감의 원천이 어디인지 거의 모르고 있다. 그들은 자신들이 이러한 것을 창조해 냈다고 믿지만 저명한 거장이 이러한 형태의 예술을 되살리지 않았다면 사람들은 계속해서 그 예술의 순진하고 열등한 측면만을 보았을 것이다. 또 한 명의 저명한 거장의 방식을 따라 캔버스에 보라

의 쓰라림, 즉 수에즈와 파나마를 경험했다. 사람들의 마음은 그의 성공에 대한 도덕성을 의심하며 반기를 들었다. 레셉스가 두 바다를 연결하는 데 성공하자 각국의 왕자와 수장들이 그에게 경의를 표했지만 코르디예라의 바위들 앞에서 실패를 맞이한 오늘날, 그는 천박한 사기꾼에 불과해졌다. …… 이 결과에서 우리는 사회 계급 간 전쟁이 벌어지고, 관료와 고용주들은 불만에 차서, 동료들보다 더 높은 자리를 차지하려는 사람들에게 형법으로 복수하는 모습을 볼 수 있다. …… 현대 입법자들은 인간의 천재성에 의한 고고한 사상에 직면했을 때 당혹감으로 가득 차며, 대중은 그러한 사상을 더욱 이해하기 어려워한다. 그렇기에 한낱 법관이 스탠리는 살인자이고, 레셉스는 사기꾼이라고 판결 내리기가 그렇게 쉬운 것이다."

색 음영을 가득 채우는 예술가들이 있다. 이들은 50년 전에 자연에서 보이던 보라색을, 지금은 실제로 보지 못하는 그 기이함에도 불구하고 큰 명망을 얻는 데 성공한 화가의 개인적이고 특별한 인상의 영향을 받고 '암시' 또한 받은 것이다. 이와 비슷한 예가 문명의 요소들과 관련하여 적용될 수 있다.

앞의 내용에서 알 수 있듯이 명망의 기원에는 여러 가지 요인이 관련되며, 그중에서도 성공은 항상 중요한 요소 중 하나였다. 모든 성공한 사람, 그리고 성공적으로 사람들에게 인식된 사상들은 바로 이 성공 자체가 명망의 중요한 요소이기에 누구나가 그것에 명망이 있음을 인정한다. 성공이 명망의 주요 디딤돌 중 하나라는 것의 증거는 성공이나 명망 중 하나가 사라지면 거의 항상 나머지 하나도 같이 사라진다는 사실에서 알 수 있다. 어제는 대중의 찬사를 받았던 영웅이 실패로 인해 오늘 모욕당할 수도 있다. 실제로 명망이 높았던 만큼 반작용은 그에 비례하여 더 강해질 것이다. 이 경우 군중은 실패한 영웅을 자신들과 동등한 존재로 간주하고, 더는 인정 못 하는 그 존재의 우월함에 자신들이 머리를 숙였던 것에 대해 복수를 감행한다. 로베스피에르는 동료와 수많은 동시대 사람을 처형하는 동안에도 엄청난 명망을 누리고 있었다. 그러나 몇 표 차이로 권력을 박탈당한 후 그는 즉시 명망을 잃었고, 군중은 얼마 전까지 희생자들에게 퍼붓던 것과 똑같은 비난을 그에게 퍼부으며 단두대로 향하는 그를 따라갔다. 신도들은 언제나 분노의 표시로 전에 믿었던 신들의 동상을 때려 부순다.

성공이 뒷받침되지 않는 명망은 순식간에 사라진다. 논리적으로 따지고 들 때에도 명망은 사라지지만, 비교적 훨씬 천천히 사라진다. 하지만 논리적으로 따지려는 의심의 힘은 매우 강력하다. 명망에 의문이 제기되는 순간부터 명망은 더 이상 명망이 될 수 없다. 오랫동안 명망 있었던 신들과 인간들은 아무도 반박하고 따질 수 없었기에 그 시간 동안 명망을 지키는 것이 가능했다. 군중의 찬양을 받기 위해서는 명망을 가진 자들이 군중과 거리를 두어야 하는 이유이다.

4장

군중의 견해와 신념의
가변성이라는 한계

1. 고정된 신념

특정 일반 신념의 불변성 — 신념은 문명의 과정을 형성한다 — 신념을 뿌리 뽑는 것의 어려움 — 편협함이 사람들에게 미덕으로 작용한다는 관점 — 신념은 그 철학적 부조리에도 불구하고 확산된다

2. 군중의 변덕스러운 견해

일반적 신념에서 비롯되지 않은 의견의 극단적인 변덕 — 한 세기도 안 되는 시간 속 생각과 신념의 명백한 변화 — 이러한 변화의 실제적 한계 — 변화에 영향을 받는 문제 — 진행 중인 일반적 신념의 소멸과 언론의 극단적 확산으로 오늘날의 여론은 더욱더 가변적이게 된다 — 군중 대부분의 의견이 무관심 쪽으로 기울어지는 이유 — 정부는 이제 과거처럼 여론을 주도할 힘이 없다 — 오늘날 여론은 극도로 다각화되어 전제적으로 될 수 없다

1. 고정된 신념

생명체들의 해부학적 특성과 심리적 특성 사이에는 밀접한 유사점이 존재한다. 이러한 해부학적 특성에는 잘 변하지 않아 변하려면 지질시대만큼이나 오랜 세월이 필요한 요소들이 있다.

이러한 고정적이고 파괴할 수 없는 특징 옆에는 또 극단적으로 가변적인 요소들이 있다. 이런 요소들은 사육가나 원예사 등의 기술에 의해 쉽게 바뀌며, 조심성 없는 관찰자에게는 그 근본적 성격을 감출 수 있는 특징이 있다.

도덕적 특성에도 같은 현상이 관찰된다. 인종이라는 불변의 심리적 요소와 함께 이동과 변화하기가 가능한 요소들이 존재한다. 이러한 이유로 한 민족의 신념과 견해를 연구할 때, 항상 고정된 토대 위로 바위를 덮은 모래처럼 변화무쌍한 여론이 접목되는 것을 볼 수 있다.

군중의 견해와 신념은 다음과 같이 두 가지로 뚜렷이 분류된다. 첫 번째는 수 세기 동안 지속되는 강력한 신념이다. 여기에는 한 문명 전체가 달려 있을 수도 있다. 예를 들어, 과거에는 봉건주의, 기독교, 개신교 등이 있었고, 우리 시대에는 민족주의 원칙, 현대의 민주주의와 사회주의 사상 등이 있다. 두 번째는 일시적이고 변화하는 견해이다. 이것은 일반적으로 모든 시대에 걸쳐 탄생과 소멸을 반복하는 일반적인 개념의 결과물들로, 예를 들어 낭만주의, 자연주의, 신비주의 등을 낳은 문학과 예술을 형성하는 이론이 이에 해당한다. 이 부류의 견해는 대체로 피상적이고 유행처럼 변하기 쉽다. 깊은 호수 표면에서 끊임없이 일어났다 사라지는 파문에 비유할 수도 있을 것이다.

실제로 일반화되는 신념은 그 수가 매우 적다. 그들의 흥망성쇠는 역사를 이루는 모든 종족에게 역사의 정점을 형성한다. 그것들은 문명의 진정한 틀을 구성한다.

군중들의 마음에 지나가는 의견을 심어 주기는 쉬우나 지속적인 신념을 심어 주기는 매우 어려운 일이다. 그러나 후자의 신념은 일단 확립되면 그만큼 뿌리 뽑기가 어렵다. 보통은 폭력적인 혁명이라는 대가를 치러야만 바꿀 수 있다. 혁명조차도 그 신념이 사람들의 마음을 거의 완전히 지배하지 못할 때만 유용하다. 이 경우 혁명은 습관 때문에 완전히 버리지는 못했지만 이미 옆으로 비켜놓은 신념을 쓸어 버리는 역할을 한다. 사실 혁명의 시작은 신념의 종말을 말한다.

위대한 신념이 파멸하는 정확한 순간은 쉽게 알아차릴 수 있다. 그것은 신념의 가치가 의심받기 시작하는 순간이다. 모든 일반적인 신념은 허구에 불과하여 시험의 대상이 되지 않을 조건에서만 살아남는다.

그러나 어떤 신념이 심하게 흔들릴 때도 그 신념이 생겨난 제도는 힘을 유지하며, 사라질 때도 천천히 사라진다. 마침내 신념이 완전히 힘을 잃으면 그 신념에 의존했던 모든 것이 곧 파멸에 이르게 된다. 아직 한 국가가 문명의 모든 요소를 변화시키면서 비난받지 않고 신념을 바꿀 수 있었던 적은 없었다. 국가는 새로운 일반적 신념을 받아들이기 전까지 이러한 변화의 과정을 계속하며, 이 시점까지 국가는 무정부 상태에 놓이게 된다. 일반적 신념은 문명에 없어서는 안 될 기둥이다. 그것들만이 믿음을 불러일으키고 사명감 또한 갖게 한다.

국가는 항상 일반적인 신념을 획득하는 것의 효용성을 의식해 왔으며, 신념이 사라지면 국가가 쇠퇴한다는 것을 본능적으로 이해해 왔다. 로마인의 경우, 로마에 대한 광신적 숭배가 그들을 세계의 주인으로 만든 신념이었고, 그 신념이 사라지자 로마는 멸망할 운명에 처했다. 로마 문명을 파괴한 야만인들도 공통적으로 받아들여지는 신념을 확보한 후에야 어느 정도 결속력을 얻고 무정부 상태에서 벗어날 수 있었다. 국가가 자신의 견해를 옹호하기 위해 관용을 보이지 못하는 데에는 충분한 이유가 있다. 그러나 철학적 관점에서 비판받을 수 있는 이런 비관용성은 그 국가의 민족에게는 삶에서 가장 필요한 미덕을 나타낸다. 중세 시대에 수많은 희생자가 화형에 처해지고, 수많은 발명가와 혁신가들이 순교를 피하려 했음에도 결국 절망 속에서 죽어 간 것은 일반적인 신념을 찾거나 옹호하기 위해서였다. 이러한 믿음을 지키기 위해 세계는 종종 가장 끔찍한 무질서의 현장이 되었고, 수백만 명의 사람들이 전장에서 죽었고 앞으로도 그럴 것이다.

보편적 신념이란 확립되는 것 자체에 큰 어려움이 있다. 그러나 그런 신념이 확실히 군중에게 이식되기만 하면 그 힘은 오랫동안 무적이 되며 가장 빛나는 지성 위에도 서게 된다. 그것이 아무리 철학적으로 거짓될지라도 상관없다. 유럽 사람들은 자세히 살펴보면 갓난아기를 제물로 바치는 몰록의 전설만큼이나 야만적인*

---

* 철학적으로 야만적이라는 뜻이다. 실제로 그들은 완전히 새로운 문명을 창조했고, 15세기 동안 그 이후로는 다시 볼 수 없을 관대한 꿈과 희망의 마법 같은 영역을 인류에게 선사했다.

종교적 전설을 15세기 동안 논란의 여지가 없는 것으로 여겨 왔지 않은가? 자신의 피조물 중 하나가 불복종했다고 그 피조물의 아들에게 끔찍한 고문을 가하여 복수한 신에 대한 전설 속 끔찍한 부조리는 수 세기 동안 인식되지 않았다. 갈릴레오, 뉴턴, 라이프니츠와 같은 뛰어난 천재들도 그런 신념의 진실에 의문이 제기될 거라고는 한순간도 생각하지 못했다. 일반적인 신념의 최면 효과에 대해 이만큼 잘 보여주는 것도 없지만 동시에 우리 지성의 굴욕적인 한계를 이만큼 확실히 보여주는 것도 없다.

새로운 신념이 군중의 마음속에 심어지면 그 신념은 영감의 원천이 되어 제도, 예술, 존재 방식을 진화시킨다. 이러한 상황에서 그 신념이 사람들의 마음에 미치는 영향력은 절대적이다. 행동하는 인간은 자신이 받아들인 신념을 실현하는 것 말고는 아무 생각도 하지 않는다. 철학자, 예술가, 문필가 들은 그 신념을 다양한 형태로 표현하는 데에만 몰두한다.

한 신념을 근본으로 해 일시적으로 부차적 생각들이 발생할 수 있지만, 그 생각들은 항상 자기들이 생겨난 신념의 인상을 가진다. 이집트 문명, 중세 유럽 문명, 아랍인들의 문명은 모두 소수의 종교적 신념이 만들어 낸 결과물이며, 이러한 종교적 신념은 이 문명들의 가장 미미한 요소들에조차 자신의 흔적을 남겨 즉시 알아볼 수가 있다.

따라서 일반적인 신념을 가진 모든 시대의 사람들은 그 시대의 전통, 견해, 관습의 포위망에 둘러싸여 그 멍에에서 벗어날 수 없다. 인간은 무엇보다도 그들의 신념과 그 결과인 관습에 의해 행동한다. 이러한 신념과 관습은 우리 존재의 가장 작은 행위까지도

규정하기에 가장 독립적인 정신을 가진 사람이라도 그 영향력에서 벗어날 수 없다. 사람들의 마음에 무의식적으로 행사되는 압제는 스스로 맞서 싸울 수 없기에 진정한 폭정이다. 티베리우스, 칭기즈칸, 나폴레옹은 의심할 여지가 없는 폭군이었지만 모세, 부처, 예수, 마호메트는 그들의 무덤 깊은 곳에서부터 인간의 영혼에 훨씬 더 심오한 전제정치를 펼친 존재들이다. 음모로 독재자를 무너뜨릴 수는 있지만, 확고하게 자리 잡은 신념을 상대로는 무슨 소용이 있을까? 로마 가톨릭과의 폭력적인 투쟁에서 패배한 것은 프랑스혁명이다. 군중의 동정심이 분명 혁명의 편이었고, 종교재판만큼이나 무자비한 파괴적인 조치가 동원되었음에도 프랑스혁명은 패배했다. 인류가 알고 있는 진정한 폭군이란 항상 죽은 자들에 대한 기억이거나 인류가 스스로 만들어 낸 환상이었다.

철학적으로 부조리한 것은 일반적인 신념의 특성이라고 할 수 있다. 이러한 특성은 결코 군중에게 신념을 주입하는 데 걸림돌이 되지 않는다. 실제로 그런 신념이 주입되려면 약간의 신비한 부조리함도 제공되어야 한다. 오늘날의 사회주의 신념도 명백히 그러한 약점을 지녔으나 대중들 사이를 잘만 파고든다. 사회주의가 모든 종교적 신념보다 진정 열등한 이유는, 종교적 신념이 제공하는 행복의 이상은 미래의 삶에서만 실현할 수 있으므로 아무도 아직 겪지 않은 것에는 이의를 제기할 수 없다는 사실에 있다. 반면 행복에 대한 사회주의적 이상은 지상에서의 실현을 말하기에 기울인 노력에도 불구하고 그 약속이 이루어지지 않으면, 그 이상 또한 허무한 것이었다는 사실은 즉시 밝혀질 것이다. 그러면 사회주의라는 새로운 신념은 그 명망을 완전히 잃게 될 것이다.

결과적으로 그 사회주의라는 신념의 힘은 대중에게 스며든 후 실질적인 실현이 이루어질 때까지만 증가할 것이다. 이런 이유로, 사회주의는 이전의 모든 종교와 마찬가지로 파괴적인 영향력을 행사하기 시작하겠지만 미래에는 그 창조적 역할을 할 수 없을 것이다.

2. 군중의 변덕스러운 견해

우리가 방금 보여준 힘을 가진 고정된 신념의 근저에는 견해와 생각, 사상 들이 끊임없이 싹틔 자라나고 시든다. 그중 일부는 하루 동안만 존재하고, 더 중요한 것들도 한 세대를 넘기지는 못한다. 이미 언급했듯이 우리는 이런 견해들이 겪는 변화가 때로는 실제보다 훨씬 더 피상적이며, 항상 인종에 영향받음을 알고 있다. 예를 들어 프랑스의 정치제도를 살펴볼 때 우리는 왕당파, 급진파, 제국주의자, 사회주의자 등 겉으로는 완전히 다른 정파들이 완전히 같은 이상을 가지고 있음을 알 수 있다. 이 현상은 전적으로 프랑스 인종의 정신 구조에 의존한다고 할 수 있다. 다른 인종들 사이에서는 이 정파들이 비슷한 이름으로 불리나 그들의 이상은 서로 상반하기 때문이다. 견해에 붙여지는 이름들도, 또 그 이름인 척 채택되는 견해들도 사물의 본질을 바꾸지는 못한다. 라틴 문학에 심취한 프랑스혁명기의 사람들은 로마 공화국에 눈을 고정한 채 로마의 법, 관직, 로마인들이 입던 옷인 토가를 채택했지만, 이에 반하는 강력한 역사적 암시를 받고 있었기에 로마인이 되지는 않왔다. 고대 신념의 겉으로 보이는 변화의 이면, 즉 그 기저에 존재하는 것이 무엇인지 알아내고, 변화하는 견해의 흐름 가운데서 인종의 특성에 의해 결정되는 부분이 무엇인지 식별해 내는 것이 바로 철학자의 임무이다.

이 철학적 탐구가 없다면 군중은 정치적 또는 종교적 신념을 자주, 그리고 마음대로 바꾼다고 생각할 수 있다. 역사 속 모든 정치, 종교, 예술, 문학 등이 이를 증명하는 것 같다.

예를 들어, 프랑스에서 1790년부터 1820년까지의 30년이라는 짧지만 한 세대에 해당하는 시기에 대해 생각해 보자. 이 시기에 군중은, 처음에는 군주제를 옹호했다가 혁명에 극렬히 찬성하며 제국주의를 신봉했다. 하지만 나중에 그들은 다시 군주제를 옹호했다. 종교에서도 마찬가지였다. 같은 시간 동안 군중은 가톨릭에서 무신론으로, 그다음에는 이신론으로, 그리고 다시 가장 친숙한 형태의 가톨릭으로 돌아갔다. 이러한 변화는 대중들 사이에서뿐만 아니라 그들을 지도하는 사람들 사이에서도 일어났다. 우리는 놀랍게도 왕들의 불구대천의 원수이며 신도 주인도 원하지 않았던 국민공회의 저명인사들이 나폴레옹의 하인이 되고, 또 나중에는 루이 18세 아래에서 경건하게 촛불을 들고 종교 행렬에 참여하는 것을 볼 수 있었다.

그 후 70년 동안 군중들의 여론은 많이도 바뀌었다. 세기 초의 '반역자 알비온(영국을 지칭)'은 나폴레옹의 후계자가 통치하는 프랑스의 동맹국이 되었고, 프랑스에 두 번이나 침략당하고 끝내 프랑스의 퇴각을 만족스레 바라봤던 러시아는 프랑스의 우방국이 되었다.

문학, 예술, 철학에서는 여론이 더 빨리 변하고 진화한다. 낭만주의, 자연주의, 신비주의 등의 사조가 차례로 생겨났다가 사라졌다. 어제 박수를 받은 예술가와 작가라도 하루아침에 심하게 경멸당할 수 있었다.

그러나 이러한 모든 외면적 변화를 분석해 보면 무엇을 발견할 수 있을까? 인종의 일반적인 신념과 정서에 반대되는 모든 견해는 일시적이며, 우회된 물줄기는 곧 다시 제자리를 찾는다는 점이다. 인종의 일반적인 신념이나 정서와 연결되지 않아 결과적으로 안정성을 가질 수 없는 견해는 모든 우연, 더 적절하게 표현하면 견해를 둘러싼 모든 주변 상황의 변화로 그 운명이 바뀐다. 암시와 전염으로 생겨나는 견해들은 항상 일시적인 것들이다. 해안가 바람에 의해 형성된 모래언덕처럼 빠르게 생겨났다가 사라진다.

오늘날 군중들의 변화무쌍한 견해들은 그 수가 어느 때보다 가장 많은데, 그 이유는 세 가지이다.

첫 번째 이유는 오래된 신념은 점점 더 영향력을 잃어 가고, 과거에 했던 것처럼 일시적인 견해들을 구체화해 주지 못한다는 점이다. 일반적인 신념이 약화하면 과거도 미래도 없는 우연한 견해들이 우후죽순으로 생겨난다.

두 번째 이유는 군중의 힘은 점점 더 커지는 데 비해 그 힘을 억제하여 균형을 맞춰 줄 힘이 점점 줄어들어, 군중의 특성이라고 할 수 있는 생각의 이동이 아무런 제지나 방해 없이 극단적으로 나타날 수 있다는 점이다.

마지막으로, 세 번째 이유는 최근 언론의 발달이다. 언론은 군중의 견해와 상반된 의견들을 계속해서 대중 앞에 내어놓는다.

각 견해로부터 오는 암시는 반대되는 견해의 암시를 통해 곧 파괴된다. 그 결과 어떤 의견도 널리 퍼지는 데 성공하지 못하며, 모든 의견의 존재는 일시적이다. 오늘날의 의견은 대부분 폭넓게 수용되기 전에 사라지고 만다.

이러한 원인 때문에 세계 역사상 처음 있는 일이자 현시대의 가장 특징적인 현상이 발생한 것이다. 나는 정부의 무력함이 여론을 이끌어 가지 못한다는 사실을 암시하고 싶다.

과거에, 그리 멀지 않은 과거라도 정부의 행동과 소수의 작가, 그리고 극소수 신문들의 영향력이 여론을 움직였다. 그러나 오늘날 작가들은 모든 영향력을 잃었고, 신문은 이제 여론을 반영하기만 할 뿐이다. 정치가들은 여론을 주도하기는커녕 여론을 따르기에 바쁘다. 그들은 때로 사회에 공포를 불러일으키기까지 하는 여론과 그 변화가 두려워 변덕스러운 행동 노선을 택하게 된다.

대중의 견해는 점점 더 정치의 최고 원칙이 되려는 경향이 있다. 최근 프랑스와 러시아의 동맹 사례에서 볼 수 있듯이, 여론이 오늘날 국가 간 동맹을 강요하는 데까지 나아가고 있다. 현재의 흥미로운 증상은 다음과 같다. 교황, 국왕, 황제 들이 그들의 견해를 군중의 판단에 맡기려고 인터뷰에 응하는 현상은 흥미롭다. 이전에는 정치는 정서의 문제가 아니라고 말하는 것이 옳았을지도 모른다. 그러나 이성의 영향을 받지 않고 정서에 의해서만 움직이는 변덕스러운 군중의 충동에 점점 더 정치가 흔들리는 오늘날에도 그렇게 말할 수 있을까?

과거 여론을 주도했던 언론은 이제 정부와 마찬가지로 군중의 힘 앞에서 겸손해졌다. 물론 언론은 여전히 상당한 영향력을 행사하지만, 이는 오로지 군중들의 의견과 그들의 끊임없는 변형을 반영하기 때문일 뿐이다. 단순한 정보 제공 기관이 된 언론은 사람들에게 사상이나 신조를 강요하려는 모든 노력을 포기했다. 구독자를 잃지 않기 위한 경쟁을 해야 하기에 대중의 모든 생각의 변화를 일일이 따르고 있다. 이전 세대가 거의 신탁인 양 무조건 받아들였던 《콩스티튀시오넬》, 《데바》, 《시에클》과 같은 과거의 영향력 있던 신문들은 사라지거나 가벼운 기사들, 사회 가십거리, 금융 관련 문제들로 덮인 전형적인 현대 신문으로 바뀌었다. 기고가들이 개인적인 의견을 충분히 낼 수 있는 풍부한 내용의 신문은 당연히 찾아볼 수 없으며, 정보를 얻거나 재미만 추구하는 독자들은 그런 의견으로부터 실마리를 얻어 깊이 사유하는 것을 싫어한다. 비평가들조차도 자신의 비평으로 책이나 연극의 성공에 이바지할 수 없게 되었다. 깊이 있는 글은 대중에게 오직 해를 끼칠 뿐이다. 신문사들은 비평이나 개인적 의견이 쓸모없음을 의식하고 문학 비평란을 줄여 책 제목만 소개하고 두세 줄*의 짧은 설명으로 대신하고 있다. 20년 후에는 연극 비평란도 같은 운명을 겪게 될 것이다.

여론의 흐름을 면밀하게 관찰하는 것이 오늘날 언론과 정부의 주요 관심사가 되었다. 어떤 사건이나 입법 제안, 연설이 만들어 내는 효과를 언론과 정부는 끊임없이 알고 있어야 한다. 그러나 그것이 쉽지 않은 이유는 바로 군중의 생각만큼 변화무쌍한 것이 없기 때문이다. 군중은 박수를 보내다가도 돌연 맹렬한 비난을 쏟아붓

---

* 이 발언은 프랑스 신문 보도를 인용한 것이다.

기도 한다.

현대는 여론을 하나로 이끄는 방향성도 없어진 데다 일반적인 신념 또한 파괴되어 결과적으로 모든 질서에 대한 신념마저 극단적으로 갈라지게 되었다. 그래서 군중들은 자신들의 즉각적인 이익에 명백하게 영향을 미치지만 않으면 무엇에든 무관심해졌다. 사회주의와 같은 교리를 옹호하는 자들은 광산이나 공장의 노동자들뿐이다. 하위 중산층, 그리고 어느 정도의 교육을 받은 노동자들은 여론에 완전히 회의적이거나 자신들의 의견을 극단적으로 바꾸기도 한다.

지난 25년 동안 이러한 방향으로 진행된 진화는 놀랍다. 그 이전까지의 여론은 그래도 보편적인 경향을 띠고 있었다. 이는 군중 모두가 어떤 근본적인 신념을 받아들였기에 가능한 일이었다. 한 개인이 자신을 군주론자라 칭한다면, 그 개인은 과학뿐 아니라 역사에서도 필연적으로 명확히 군주론이라 정의된 특정 사상을 받아들이는 것과 같았다. 그리고 다른 개인이 자신을 공화주의자라고 칭한다면, 그것만으로도 그 개인은 군주론이라는 특정 사상에 반대되게 행동하는 것이었다. 군주론자는 인간이 원숭이의 후손이 아니라는 것을 잘 알고 있었으며, 공화주의자는 반대로 인간이 원숭이의 후손임을 잘 알고 있었다. 프랑스혁명에 대해서 군주론자는 공포심을 가져야 했고, 공화주의자는 경외심을 가져야 했다. 로베스피에르와 마라 같은 이름들은 종교적 분위기를 풍기며 언급되어야 했고, 카이사르, 아우구스투스, 나폴레옹과 같은 이름들은 욕설을 동반하지 않고는 절대 언급해서는 안 되었다. 심지어 프랑스의 소르본 대학에서도 이렇게 단순한 방식으로 역사를 인식하는 일이 일반적이었다.*

오늘날에는 과학적 토론과 분석의 결과로 모든 고대와 근대의 의견은 명망을 잃고 있으며, 그들의 독특한 특징은 빠르게 닳아 없어지고 우리의 열정을 불러일으킬 수 있는 부분도 거의 남지 못했다. 현대인은 점점 더 무관심의 먹이가 되고 있다.

여론이 일반적으로 쇠퇴하는 것에 대해 너무 한탄해서는 안 된다. 여론의 쇠퇴는 곧 한 민족의 삶이 쇠퇴하는 증상이고, 이는 논쟁의 여지가 없다. 진실하고 강한 신념을 가진 사람들, 한마디로 예언자나 사도들, 군중의 지도자와 같은 사람들이 부정적이거나 비판적이며 무관심한 사람들보다 훨씬 더 큰 힘을 발휘한다. 그러나 현재 군중이 가진 힘을 고려할 때, 하나의 견해가 일반적으로 받아들여지도록 충분히 명망이 있다면, 곧 모든 것이 그 앞에 무릎을 꿇어야 할 정도로 그 견해는 폭압적인 힘을 부여받을 것이며, 자유로운 토론의 시대는 오랫동안 다시 오지 않을 것이라는 사실을 잊어서는 안 된다. 엘라가발루스와 티베리우스가 그랬던 것처럼 군중은 보통 태평스러운 주인이기도 하지만 격렬하게 변덕을 부리기도 한다. 군중이 어떤 문명을 지배하는 순간이 오면 그 문명

---

* 프랑스 역사학 교수들의 책에는 매우 신기한 관점이 보인다. 그들은 프랑스에서 유행하는 대학 교육제도에 얼마나 비판적 정신이 부족한가를 증명했다. 나는 소르본 대학 역사학 교수인 랑보의 《프랑스혁명》에서 발췌한 다음 내용을 예로 들겠다. "바스티유 점령은 프랑스뿐만 아니라 모든 유럽 역사에서 정점을 이루는 사건이었고 역사상 새로운 시대를 열었다!" 거기다 로베스피에르에 관한 대목에서 우리는 놀라지 않을 수가 없다. 그 내용은 다음과 같다. "그의 독재는 특별히 여론의 설득, 도덕적 권위에 바탕을 둔 것이었다. 그것은 고결한 사람의 손에 쥐어진 일종의 교황권이었다!"(91쪽, 220쪽)

은 오래 버틸 수 없다. 너무 많은 우연에 좌우되기 때문이다. 그게 무엇이 되었든, 닥쳐오는 파멸을 유예할 수 있다면 군중들의 여론이 불안정하다는 것, 그리고 모든 일반적인 신념에 대한 군중의 무관심이 커지고 있다는 뜻일 것이다.

다양한 군중 분류와 기술

1장

군중의 분류

군중의 일반적인 분류

1. 이질적 군중

   다양한 종류의 군중 ― 인종의 영향력 ― 군중의 정신은 인종 정신이 강할수록 약해진다 ― 인종의 정신은 문명 상태를 나타내고 군중의 정신은 야만 상태를 나타낸다

2. 동질적 군중

   그들의 다양한 종류: 종파, 계층, 계급

우리는 심리적 군중에게 공통적으로 나타나는 일반적인 특성에 대해 개괄했다. 이제 사람들이 적절한 흥미 유발 요인의 영향을 받아 군중으로 변모할 때, 다양한 범주의 집단이 원래 갖던 일반적 특성에 더해지는 특정한 성격들에 대해 짚어 볼 차례이다. 우선 군중의 분류에 대해 몇 마디로 요약해 보겠다.

우리의 출발점은 단순한 다수의 사람이다. 군중의 가장 열등한

3부 다양한 군중 분류와 기술 **161**

형태는 서로 다른 인종에 속한 개인들이 모여 구성될 때 나타난다. 이 경우 그들에게 유일한 공통의 결속력을 부여하는 것은 어느 정도 존경받는 군중의 우두머리가 가진 의지뿐이다. 이런 종류에 속하는 군중의 표본으로는 수 세기 동안 로마제국을 침략한 매우 다양한 출신의 야만인 집단이 있다.

이러한 군중이 있다면, 더 높은 수준의 특정한 영향을 받아 공통된 특성을 획득한 끝에 결국 하나의 인종을 형성한 무리 또한 있다. 그들은 때때로 군중 특유의 특성을 보이지만, 이러한 특성은 인종을 고려하면 없는 것과 마찬가지이다.

이 두 종류의 군중은 특정 영향을 받으면 조직화한 군중 또는 심리적 군중으로 변모할 수 있다. 조직화한 군중은 다음과 같은 구분으로 나눌 수 있다.

A. 이질적 군중	1. 익명의 군중(거리에 모인 군중 등) 2. 익명이 아닌 군중(배심원단, 의회 등)
B. 동질적 군중	1. 종파(정치적 파벌, 종교적 파벌 등) 2. 계층(군대, 성직자, 노동자 계층 등) 3. 계급(중산층, 농민계급 등)

이러한 범주의 군중에 대해 각각의 특성을 짚어 보자.

1. 이질적 군중

이 책에서 그 특성을 연구한 것이 바로 이 집단이다. 이 집단은 다양한 모습과 직업, 지능을 가진 개인들로 구성된다. 우리는 이제 인간이 군중의 일부를 형성한다는 사실만으로도 그들의 집단 심리와 개인 심리는 본질적으로 다르며, 그들의 지능은 이러한 차이에 영향받는다는 것을 안다. 우리는 군중 상태에서 지능은 아무 영향력이 없으며 전적으로 무의식적인 정서가 영향력을 크게 행사함을 살펴봤다.

인종이라는 근본적인 요소는 다양한 이질적인 군중을 차별화한다.

나는 이미 인종의 역할에 대해 자주 언급했으며, 인종이 인간의 행동을 결정할 수 있는 요인 중 가장 강력한 요소임을 보여주었다. 그 작용은 군중의 특성에서도 찾아볼 수 있다. 우연히 모인 군중이어도 모두 영국인이거나 중국인인 개인으로 구성된 군중은 역시 러시아인, 프랑스인, 스페인인 등의 개인들로 모인 군중과는 다를 것이다.

다른 국적의 개인들이 상황에 의해 똑같은 비율로 모인다면, 유전적으로 물려받은 정신적 특성의 차이는 사람의 감정과 사고방식에서 더욱 두드러지게 된다. 그리고 이는 같은 관심사로 모였다고 해도 마찬가지이다. 사회주의자들이 여러 나라의 노동계급 대표들을 의회에 보내기 위해 기울인 노력은 항상 뚜렷한 불화로 끝났다. 아무리 혁명적이거나 보수적이라고 가정하더라도 라틴 군중은 자신들의 요구를 실현하기 위해 항상 국가의 개입을 호소할 것이다. 라틴 군중은 항상 중앙집권화와 독재를 찬성하는 경향을 보인다. 반면에 영국이나 미국의 군중은, 국가에 의존하지 않고 오로지 민간 주도에 중점을 둔다. 프랑스 군중은 평등을 중시하고 영국 군중은 자유를 중시한다. 이러한 인종적 차이가 다양한 민족만큼이나 다양한 사회주의와 민주주의의 형태가 존재하는 이유를 설명한다.

인종의 성격은 군중의 성향에 가장 큰 영향을 미친다. 그것은 군중의 기질이 쉽게 변하지 않게 하는 강력한 바탕이다. 인종 정신이 강할수록 군중의 열등한 특성이 덜 도드라진다는 사실은 필수적으로 알아야 할 것이다. 군중의 상태와 군중이 지배력을 얻는 상황은 야만 상태와 같거나 야만 상태로의 퇴행이다. 인종이 군중의 성찰 없는 권력으로부터 자유로워지고 야만 상태에서 벗어나려면 견고하게 구성된 집단정신을 획득해야 한다. 인종적 고려에 따른 분류를 제외하고, 이질적인 군중을 분류할 때 가장 중요한 것은 그들을 거리의 군중이나 배심원단 같은 익명이 아닌 군중으로 분류하는 것이다. 익명의 군중에게는 없으며 익명이 아닌 군중에게 발달한 책임감의 정서는 각각의 행동에 매우 다른 경향을 부여한다.

2. 동질적 군중

동질적 군중에는 종파, 계층, 계급적 군중이 포함된다.

종파적 군중은 동질적인 군중이 조직화하는 과정의 첫 번째 단계를 나타낸다. 종파는 교육, 직업 및 그들이 속한 사회 계급이 크게 다른 개인들로 구성되고, 이들은 공통된 신념이라는 연결고리로 모인다. 대표적인 예로 종교적, 정치적 종파를 들 수 있다.

계층적 군중은 조직화한 군중 중에서 가장 높은 수준을 보여준다. 종파에는 매우 다른 직업, 교육, 사회 환경을 가진 개인들이 오직 공통된 신념으로 연결되는 반면, 계층은 같은 직업을 가진 개인으로 구성되며 이는 결과적으로 비슷하게 교육받은, 같은 사회적 지위를 가진 개인으로 구성된다는 뜻이 된다. 대표적인 예로 군인 계층과 사제 계층이 있다.

계급적 군중은 다양한 출신을 가진 개인들로 구성되며, 종파의 구성원처럼 신념의 공동체도 아니고 계층의 구성원처럼 공통된 직업에 의해 결합한 것도 아니다. 대신 거의 같은 생활 습관을 지니고 비슷한 수준으로 교육받은, 특정 관심사를 가진 사람들로 구성된다. 중산층과 농민계급이 그 예이다.

이 책에서 다루는 것은 오직 이질적 군중뿐이다. 동질적 군중(종파, 계층, 계급)에 관한 연구는 다른 책에서 다룰 것이니, 이 책에서는 이들의 특성에 대해 말하지 않겠다. 그러므로 이질적 군중의 몇 가지 전형적인 범주를 살펴보는 것으로 이 책을 마무리하겠다.

2장

범죄자 무리라 불리는 군중

범죄자 무리라 불리는 군중 — 군중은 심리적으로는 아니지만 법적으로 범죄
자가 될 수 있다 — 절대적으로 무의식적인 군중 행위 — 다양한 사례 — 9월
대학살 주인공들의 심리 — 군중의 이성, 감성, 잔혹성, 도덕성

군중은 흥분의 기간을 거친 뒤 일정 시간이 지나면, 순전한 암
시로 인도되는 자동적이고 무의식적인 상태에 들어간다. 그래서
어떤 경우에도 그들을 범죄자로 규정하기는 어려워 보인다. 그런데
도 군중이 범죄자라는 잘못된 이름으로 불리는 이유는 최근의 심
리학 조사들의 결과를 통해 이러한 생각이 유행하기 시작했기 때
문이다. 군중의 특정 행위를 그 자체로만 고려한다면 확실히 범죄
라 할 수 있으나, 이는 호랑이가 자기 새끼들에게 재미 삼아 한 힌
두교도를 갈기갈기 찢게 내버려둔 다음 잡아먹는 행위를 두고서
범죄라 하는 것과 같다.

군중이 범죄를 저지르는 동기는 보통 강력한 암시에 의해서

이다. 그리고 그러한 범죄에 가담하는 개인은 나중에 자신이 의무에 순종하여 행동했다고 확신하기에 일반 범죄자들과는 맥락을 전혀 달리한다.

군중이 저지른 범죄의 역사를 살펴보면 이 사실을 알 수 있다.

바스티유 교도소장인 뢰네가 살해된 사건이 대표적인 예이다. 바스티유 요새가 점령당한 후 소장 뢰네는 매우 흥분한 군중에게 둘러싸여 사방에서 공격받았다. 군중은 그를 교수형이나 참수형에 처하거나 혹은 말꼬리에 묶어서 끌고 다니자고 제안했다. 뢰네는 몸부림치던 중 실수로 참석자 중 한 명을 발로 찼다. 그러자 뢰네의 발에 차인 자가 뢰네의 목을 베라고 외쳤고 군중은 그 말에 찬성했다.

문제의 인물은 실직한 요리사로, 그 당시 바스티유 감옥에 간 가장 큰 이유는 단순한 호기심 때문이었다. 그는 군중이 뢰네를 죽여 마땅하다고 생각하고 있었기에 자신이 뢰네라는 괴물의 멱을 따는 행동은 애국이며 심지어 훈장을 받아야 하는 일이라고 믿기까지 했다. 그는 주어진 검으로 뢰네의 맨 목을 쳤지만 다소 무딘 탓에 목을 단번에 자르지 못했다. 그러자 그는 주머니에서 검은 손잡이가 달린 작은 칼을 꺼내어 성공적으로 뢰네의 목을 잘랐다. 그는 요리사였으므로 고기를 잘라 본 경험이 있었을 테니 분명 그 일이 어렵지 않았을 것이다.

이 예에서 앞에 말한 과정이 작동되는 방식을 알 수 있다. 우리 인간은 암시에 순종한다. 집단적인 요구이기에, 살인자는 자신이 매우 훌륭한 행위를 저질렀다는 신념, 즉 동료 시민들의 만장일치

승인을 받았다고 생각해 자신의 행위가 자연스러운 것이라는 신념을 가진 것이다. 이런 종류의 행위는 법적으로는 범죄로 간주될 수 있지만 심리적으로는 그렇지 않을 수 있다.

범죄를 저지르는 군중의 일반적인 특징도 우리가 모든 군중에게서 보는 특성과 정확히 일치한다. 즉 그들도 암시를 잘 받아들이고, 맹신하며, 변덕스럽고, 좋고 나쁜 정서를 과장한다는 특성이 있다. 그리고 어떤 형태의 도덕성 또한 보인다.

이런 모든 특징을 가진 군중의 또 다른 예시로, 프랑스 역사상 가장 사악한 사건이었던 9월 학살을 저지른 자들이 있다. 사실 이 군중은 성 바르톨로메오 축일의 대학살을 저지른 군중과 매우 유사하다. 이에 대한 자세한 내용은 역사학자 텐이 당시의 자료를 간추려 만든 이야기에서 빌렸다.

죄수들을 학살하여 감옥을 비우라는 명령이나 암시를 누가 했는지는 아무도 모른다. 가능성이 높은 당통이 그랬는지, 아니면 다른 사람이 그랬는지는 중요치 않다. 우리에게 한 가지 흥미로운 사실은 대량 학살을 저지른 군중이 받은 강력한 암시이다. 약 3백 명을 학살한 이들은 완벽하게 전형적인 이질적 군중이었다. 그 군중은 극소수의 직업적 불량배들을 제외하고는 주로 장사꾼들과 부츠 제작자, 자물쇠 제조공, 미용사, 석공, 점원, 배달원 등 온갖 직업의 장인들이 주축을 이루었다. 위에서 언급한 요리사처럼 그들은 자신들이 받은 암시의 영향으로 자신들이 애국적 의무를 다하는 것이라고 확신하게 된다. 그들은 판사이자 사형집행자라는 이중 직책을 수행하지만 자신을 범죄자라고 생각하지 않는다.

그들이 맡은 의무의 중요성을 깊이 의식하며 군중은 일종의 재판소를 구성해 자신들이 옳다고 생각하는 행위를 시작한다. 이 행위를 시작하자마자 군중의 순진함과 정의에 대한 그들의 초보적인 개념이 즉시 드러난다. 피고인의 수가 많다는 점을 고려하여 군중은 우선 귀족이나 성직자, 장교, 왕실 구성원처럼, 한마디로 선량한 애국자의 눈에는 유죄라고 할 수 있는 직업을 가진 모든 개인을 죽이기로 했으며, 여기에 특별한 판결 같은 것은 필요하지 않았다. 눈에 띄게 유죄가 아닌 자들은 외모와 평판에 따라 판결했다. 이런 식으로 군중의 초보적인 양심은 충족될 수 있었다. 군중은 합법적으로 학살을 진행할 수 있었고, 잔인한 본능을 마음껏 발휘했다. 이에 대해서는 내가 다른 곳에서 설명한 바 있다. 그러나 군중 대부분은 잔인한 본능만큼이나 극단적인 온정주의와 같은 상반되는 정서가 나타나는 것을 막지는 못한다.

그들은 파리에 사는 노동자들이 가진 폭넓은 공감 의식과 즉각적인 감수성을 보인다. 아베이 감옥에서 죄수들이 26시간 동안 물도 없이 방치되었다는 사실을 알게 된 학살 군중의 한 명이 간수를 죽이려 했지만, 죄수들의 간청으로 그렇게 하지 않았다. 그리고 죄수 한 명이 약식재판에서 무죄 판결을 받자, 간수와 학살자들을 포함한 모든 사람이 기쁨으로 그를 껴안고 미친 듯이 박수를 보냈다.

그래도 대량 학살은 멈추지 않았다. 다만 학살의 과정에서 흥겨운 분위기가 끊이지 않았다. 시체 주변에는 춤과 노래가 있었고, 귀족들의 살인을 목격하며 즐거워하는 숙녀들을 위해 살인을 편하게 구경할 수 있는 벤치가 마련되었다. 이러한 진풍경 속에서 자신들이 생각하는 정의를 향한 군중의 행동은 멈추지 않았다.

학살 군중 중 한 명이 약간 먼 거리에 있는 숙녀들은 잘 보지도 못하며, 참석한 사람 중 소수만이 귀족을 때리는 즐거움을 맛본다고 불평하자 군중 모두가 이를 인정했다. 군중은 희생자들을 두 줄로 늘어선 학살자들 사이로 천천히 지나가게 하기로 했다. 학살자들은 희생자들을 칼등으로만 공격할 수 있었는데, 이렇게 하면 더 오래 그들의 고통을 볼 수 있었다. 라 포르스 감옥에서 희생자들은 알몸으로 벗겨져 30분간 말 그대로 난자되었다. 모든 이들이 이 참혹한 광경을 잘 구경하고 난 후에는 희생자들의 배를 갈라 죽였다.

이런 짓을 일삼은 학살자들도 양심의 가책을 가진다. 내가 이미 언급한 바 있는 군중 상태 속에서 그들은 자신의 도덕 감각을 보여주기도 한다. 그들은 희생자들의 돈과 보석을 취하지 않고 혁명위원회의 테이블에 갖다 놓았다.

군중의 마음을 특징짓는 성격인 초보적인 형태의 이성적 사고는 그들의 모든 행동에서 항상 찾아볼 수 있다. 따라서 1,200명 혹은 1,500명의 국가의 적이 학살된 이후, 어떤 사람이 다른 감옥들, 즉 늙은 거지, 부랑자, 어린 죄수 들이 갇혀 있는 감옥들은 실제로 그들에게 기숙할 장소를 마련해 줄 뿐 효용이 없으니, 감옥을 없애는 게 좋겠다고 제안했고 이는 즉시 채택되었다. 그러나 그들 중에는 분명히 반대하는 이가 있기 마련이어서 누군가는 독살범의 미망인인 들라뤼라는 이름의 여자에 대해 "그녀는 감옥에 갇혔다는 것에 분노하고 있을 것이며, 할 수만 있다면 파리에 불을 지를 것이다. 그녀는 분명 그렇게 말했을 것이다. 아니, 그녀는 그렇게 말했다. 그러니 그녀 또한 죽여야 한다."라는 식으로 확언하고 이런 말을 군중에게 전파했다. 이런 주장은 설득력 있어 보였고, 결국 죄수들은 예외 없이 학살당했다. 그중에는 12세에서 17세 사이의 어린이 50여 명도 포함되어 있었다. 이들은 국가의 적이 되었을 수도 있으니, 결과적으로 죽여야 하는 사람들이었다.

이 모든 학살이 자행된 한 주간의 작업이 끝나면, 학살자들은 휴식을 취할 수 있었다. 자신들이 조국을 위해 일했다고 확신하는 학살자들은 당국에 가서 보상금을 요구한다. 가장 열성적인 이들은 훈장까지 요구했다.

1871년 파리코뮌의 역사는 앞선 일과 비슷한 여러 사실을 알려준다. 군중들의 영향력이 커지고, 그 앞에서 권력을 가진 자들이 연이어 항복하는 것을 본다면 우리는 앞으로 비슷하지만 다른, 많은 사례들을 목격할 수밖에 없을 것이다.

3장

형사 배심원단

형사 배심원단 ― 배심원단의 일반적인 특성 ― 통계에 따르면 배심원단의 결정은 배심원단의 구성과 무관하다 ― 배심원단에게 인상을 남기는 방식 ― 변론의 방식과 영향력 ― 저명한 변호인의 설득 방법 ― 배심원들이 각각 관대해지거나 엄해지는 범죄의 성격 ― 배심원 제도의 유용성 및 그 자리를 판사가 대신할 경우의 위험성

여기서 배심원의 모든 범주를 연구할 수 없기에 나는 가장 중요한 순회재판 배심원들에 대해서만 다루겠다. 이 배심원단은 익명이 아닌 이질적 군중의 훌륭한 예를 제공한다.

우리는 배심원들이 암시성과 약간의 추론 능력을 보이는 동시에, 군중 지도자의 영향을 쉽게 받으며 주로 무의식적인 정서에 의해 인도됨을 알 수 있다. 이렇게 배심원을 살펴보는 과정에서 우리는 군중의 심리에 정통하지 않은 사람들이 범할 수 있는 오류의 흥미로운 예들을 관찰할 기회를 얻게 된다.

애초부터 배심원은 우리에게 좋은 예를 제공하는 집단이다. 군중을 구성하는 다양한 정신적 요소의 수준이 배심원의 결정에 큰 영향을 끼치지 못한다는 것을 볼 수 있기 때문이다. 우리는 심의회가 증거가 확실하지 않은 것에 대해 심의할 때, 지성은 아무 의미가 없다는 것을 이미 보았다. 예를 들자면, 과학자나 예술가들이 모였다고 해도 석공이나 식료품점 주인들이 모여 내리는 판단과 크게 다를 게 없다는 것이다. 프랑스 정부는 여러 시기에, 특히 1848년 이전에는 교수, 공무원, 문인 등 계몽된 계층 중에서 배심원을 신중하게 뽑았다. 그러나 현재 배심원은 대부분 소상인, 소자본을 가진 자, 고용인 등으로 구성된다. 놀랍게도 배심원단의 구성이 어떠했든 배심원단의 결정은 같았다. 배심원 제도에 석대석이었던 판사들조차도 배심원단 판결의 정확성을 인정하지 않을 수 없었다. 순회재판소의 전 의장인 베라레 데 글라주는 그의 회고록에서 이 주제에 대해 다음과 같이 표현했다.

현실적으로 배심원 선정은 오늘날 시의원들의 손에 달려 있다. 시의원들은 사람들을 배심원 목록에 올려놓거나 그들이 내재한 정치적 및 선거 관련 선입견에 따라 목록에서 제거한다. …… 선발된 배심원의 대다수는 이전보다 덜 중요한 직책을 가진 상인이나 행정 관청에서 일하는 공무원들이다. …… 배심원의 역할을 받으면 개인적 의견과 직업은 아무 의미가 없으며, 많은 배심원들이 초심자의 열정을 가진다. 강한 의지를 가진 사람들도 남들과 비슷하게 겸손함을 갖게 되는 등 배심원의 정신은 변하지 않았고 그들의 평결은 구성원에 상관없이 동일했다.

방금 인용한 구절의 결론은 정당하므로 명심해야 하나 그 설명은 설득력이 약하다. 그러나 이 설명에 놀랄 필요는 없다. 일반적으로 치안판사와 동등하게 변호사는 군중의 심리를 모르며, 결과적으로 배심원의 심리에 대해 무지한 것처럼 보인다. 방금 인용한 저자의 글에서 이 진술의 증거를 찾을 수 있다. 그는 순환재판소에서 활동한 유명한 변호사 중 한 명인 라쇼가 배심원 명단에 오른 가장 똑똑한 사람들에게 배심원 반대권을 사용했다고 언급한다. 하지만 경험만으로도 이러한 반대권이 전혀 쓸모없다는 것을 알 수 있다. 이는 오늘날 검찰과 변호사들이, 적어도 파리 변호사회에 속한 사람들은 이 반대권을 완전히 포기했다는 사실에서도 알 수 있다. 또한 데 글라주가 말하듯 배심원의 평결은 변하지 않았다. "평결은 더 좋아지지도, 더 나빠지지도 않았습니다."

모든 군중이 그렇듯 배심원단도 감성적인 면에 강한 인상을 받으며 논증에는 큰 영향을 받지 않는다. "배심원들은 어머니가 아이에게 젖을 물리는 모습이나 고아를 보면 못 견뎌 한다."라고 한 변호사는 쓰고 있다. 데 글라주는 "여성 피고인은 어느 만큼만 외모가 괜찮아도 배심원으로부터 선처받는다."라고 말한다.

자신도 피해자가 될 가능성이 있는 범죄에 대해서는 배심원들은 동정심을 전혀 갖지 않는다. 더구나 그러한 범죄는 사회에도 가장 위험하다. 반면 배심원들은 열정이 동기가 된 법 위반의 경우 매우 관대하다. 그들은 미성년 미혼모의 영아 살해에 대해서는 그다지 엄격하지 않으며, 자신을 유혹하고 버린 남자에게 황산을 뿌린 젊은 여성에게도 가혹하지 않다. 이는 배심원들이 사회가 그러한 범죄로부터 약간의 위험만 감수하면 운영되는 데 아무 문제

없다는 것을 본능적으로 느끼기 때문이다.* 그리고 배심원들은 법이 버림받은 처녀들을 보호하지 않는다면, 사회에 복수하려는 처녀들의 범죄가 이후에도 여성을 쉽게 버릴 남성들에게 겁을 줄 수 있다고 여긴다. 그들은 이 같은 범죄가 사회에 해로운 게 아니라 이로운 것임을 안다.

모든 군중과 마찬가지로 배심원단은 명망에 깊은 인상을 받는다. 데 글라주 소장이 적절히 지적했듯이 배심원단의 구성은 매우 민주적으로 이루어지지만, 배심원들의 호불호는 매우 귀족적이다. "이름, 출생, 막대한 재산, 유명인, 저명한 변호사의 도움 등 눈에 띄는 모든 것이 피고인에게 유리하게 작용하며 그에게 크게 도움이 된다."

훌륭한 변호인이라면 배심원들의 감정을 자극하는 것에 관심을 가져야 하며 모든 군중과 마찬가지로 논증은 거의 하지 않거나 오직 초보적인 추론 방식만을 사용해야 한다. 한 영국 변호사는 순회재판소를 통해 성공한 것으로 유명하다. 그의 사례는 변호인

---

* 지나가면서 언급하고 싶은데, 배심원들이 본능적으로 사회에 위험한 범죄와 위험하지 않은 범죄를 구분하고 평결을 내리는 것은 절대 부당한 일이 아니다. 형법의 목적은 분명히 위험한 범죄자로부터 사회를 보호하는 것이지 복수를 목적으로 하는 것이 아니기 때문이다. 반면에 프랑스 법, 그리고 무엇보다도 프랑스 판사들의 마음속에는 오래된 원시법에서 비롯한 복수의 정신이 여전히 깊이 스며들어 있다. 그리고 라틴어에서 유래한 '기소'라는 용어도 여전히 일상적으로 사용되고 있다. 많은 판사들이 사형수가 범죄를 반복하지 않는 한 형을 집행하지 않는다는 베랑제의 법을 거부하는 것에서 이러한 경향의 증거를 찾을 수 있다. 그러나 처음으로 저지른 죄에 대한 형벌의 적용은 추가 범죄로 이어진다는 사실을 판사들이 모를 리가 없다. 유죄 판결을 받은 사람을 석방할 때 판사들은 사회가 범죄자에게 정당하게 복수하지 못했다고 생각하는 것 같다. 그래서 그들은 복수하지 않는 것보다는 위험하고 확실한 재범자를 만드는 쪽을 선호하는 것이다.

들이 따라야 할 행동 지침을 잘 제시한다.

변론하는 동안 그는 배심원단을 주의 깊게 관찰했다. 그러던 중 가장 유리한 기회가 찾아왔다. 변호인은 통찰력과 경험으로 배심원들의 표정에서 자신의 문장 하나하나의 효과를 읽어 내고 그에 따른 결론을 도출한다. 그의 첫 번째 단계는 배심원 중 어느 배심원이 자신의 변론에 우호적인지를 재빨리 확인하는 것이다. 우호적인 배심원들과 확실히 친밀감을 형성한 후, 반대로 자신에게 우호적이지 않아 보이는 배심원들에게 관심을 돌려 그들이 왜 피고인에게 적대적인지 알아내려고 노력한다. 이것은 변호인의 임무에서 가장 까다로운 부분이다. 왜냐하면 한 인간에게 유죄를 선고한다는 것은 정의감 말고도 무한히 많은 이유가 있기 때문이다.

이 몇 줄은 웅변술의 전체 메커니즘을 잘 보여준다. 그리고 우리는 미리 준비된 변론이 왜 아무 소용이 없는지 알 수 있다. 변호인은 배심원단이 인상을 받는 순간마다 준비한 연설에서 사용되는 용어들을 수정해야 하기 때문이다.

변호인은 모든 배심원의 생각을 자기편으로 만들 필요는 없다. 일반적인 의견을 결정할 주요 배심원들만 사로잡으면 된다. 모든 군중과 마찬가지로 배심원단에도 나머지 사람들의 안내자 역할을 하는 소수의 개인이 있다. 위에서 인용한 변호사는 "나는 경험을 통해 한두 명의 의욕적인 사람이 나머지 배심원들을 이끌기에 충분하다는 것을 알았다."라고 말한다. 숙련된 암시를 통해 설득해야 하는 것은 두세 명뿐이다. 우선, 무엇보다도 그들을 기쁘게 하는 것이 필요하다. 군중의 일부를 이루는 누군가를 기쁘게 하는 데 성공했다는 것은 그가 곧 변호사의 의견에 동의한다는 신호이며, 그에게 제공되는 모든 주장을 훌륭한 것으로 받아들일 가능성이 많다는 이야기이다. 내가 위에서 언급한 라쇼의 흥미로운 일화는 다음과 같다.

순회재판소에서 라쇼가 자신의 연설 때마다 그가 이미 알고 있거나, 영향력이 있지만 까다롭다고 생각하는 두세 명의 배심원에게서 눈을 떼지 않는다는 사실은 잘 알려져 있다. 그는 대체로 다루기 힘든 배심원들의 마음을 돌리는 데 성공하는 편이었다. 그러나 한번은 지방에서, 그는 45분 동안이나 교묘한 주장을 통해 피고인을 변론했으나 넘어오지 않는 배심원을 상대해야만 했다. 그 배심원은 두 번째 줄 좌석의 맨 앞에 앉은 7번 배심원이었다. 상황은 절망적이었다. 열띤 공방이 벌어지던 중 갑자기 라쇼는 잠시 연설을 멈추고 법원장에게 말했다. "저 앞에 있는 커튼을 치도록 지시해 주시겠습니까? 7번 배심원이 햇빛에 너무 눈이 부셔하시는데요." 그러자 문제의 배심원은 얼굴을 붉히며 미소를 지었고, 감사를 표했다. 라쇼는 결국 그 변호에 성공했다.

가장 저명한 작가의 일부를 포함하여 많은 작가가 배심원 제도를 반대하는 강력한 캠페인을 벌이기 시작했다. 배심원 제도야말로 어떤 제약도 받지 않는 판사와 같은 계층이 자주 범하는 오류를 방지하는 수단인데도 말이다.* 이 작가 중 일부는 계몽된 계급

---

* 사실 치안판사들은 아무런 통제도 받지 않는 유일한 행정관이다. 모든 혁명에도 불

에서 모집된 배심원을 옹호한다. 그러나 나는 앞에서 이미 이 사실을 증명했다. 배심원을 그렇게 뽑는다 해도 평결은 현재 제도하에서와 똑같을 것이다. 또, 다른 작가들은 배심원들이 범하는 오류에 근거하여 배심원제를 폐지하고 판사로 대체할 것을 주장한다. 그러나 배심원이 비난받은 오류는 제1심에서 판사에 의해 먼저 저질러졌으며, 피고인이 배심원 앞에 섰을 때 이미 여러 명의 치안판사, 예심판사, 검사, 공소법원에 의해 유죄 판결을 받았다는 사실을 어떻게 이들이 잊을 수 있는 건지 이해하기 어렵다. 따라서 피고인이 배심원 대신 판사에 의해 판결받으면 그는 무죄를 인정받을 유일한 기회를 잃게 된다. 배심원의 오류는 항상 치안판사의 오류였다. 따라서 최근에 일어난 사건인 L 의사에 대한 비난을 예시로 들어볼 수 있다. 특히 괴물 같은 사법적 오류가 발생했을 때 비난을 받아야 하는 사람은 전적으로 치안판사이다. L은 30프랑을 받고 불법 수술을 했다고 의사를 고발한, 무지한 한 처녀의 비난을 근거로 예심판사의 지시를 통해 기소되었고, 대중의 분노가 폭발하였기에 국가원수가 사면해 주지 않았다면 바로 교도소에 보내

구하고 민주주의 국가인 프랑스에는 영국이 그토록 자랑스러워하는 인신 보호권이 없다. 우리는 모든 폭군을 추방했으나 각 도시에 시민의 명예와 자유를 마음대로 처분하는 치안판사 제도를 세웠다. 대학을 갓 졸업한 신참 예심판사(영국에는 이에 정확히 상응하는 법관이 없다)는 아무리 지위가 높은 사람이라도 혐의가 있다면, 그 누구에게도 유죄를 입증하지 않고 마음대로 감옥에 보낼 수 있는 혐오스러운 권한을 가지고 있다. 수사를 진행한다는 구실로 이 사람들을 6개월에서 1년 동안 감옥에 가뒀다가 배상금이나 사과 한마디 없이 석방할 수 있다. 프랑스의 영장은 봉인장(약식 체포명령서)과 완전히 동일하지만 한 가지 차이점이 있다. 봉인장은 군주제를 정당하게 비난하는 데 사용됐지만 매우 높은 지위에 있는 사람만이 사용할 수 있는 반면에, 영장은 많이 배우고 매우 독립적인 사람들과는 거리가 먼 모든 계급의 시민들에게 발부된다.

졌을 것이다. 모든 동료 시민이 이 죄수 의사가 명예로운 사람임을 증명함으로써 판사의 실수가 얼마나 어처구니없는 것인지 자명해졌다. 치안판사들도 그 예심판사의 실수를 인정했으나, 그가 치안판사들과 같은 계층의 사람임을 고려하여 탄원서 서명을 막기 위해 최선을 다했다. 이 같은 경우 배심원들은 법률적 전문성이 없기에 그들이 이해할 수 없는 기술적 세부 사항에 직면하게 된다. 그러니 배심원들은 자연스럽게 검사의 말에 귀를 기울이게 됐고, 결국 그 사건은 가장 복잡한 상황을 풀도록 훈련된 치안판사가 조사하게 되었다. 그렇다면 이 상황에서 오류의 진짜 주범은 배심원단과 치안판사 중 누구일까?

우리는 배심원단 제도에 강력하게 매달려야 한다. 아마도 배심원단은 어떤 개인들로도 대체할 수 없는 유일한 집단일 것이다. 법은 모든 사람에게 평등해야 하며, 원칙에 맹목적이고 특정 사례를 고려하지 못한다. 이러한 법의 엄격함은 배심원단만이 완화할 수 있다. 동정심으로 접근하지 않고 법의 텍스트에만 귀를 기울이는 판사는 직업적 엄격함으로 살인죄를 저지른 강도와 버림받아 영아를 살해하기에 이른 가난하고 불쌍한 처녀에게 같은 벌을 내린다. 반면 배심원단은 법적으로는 처벌받아 마땅한 그 처녀를, 그녀를 유혹하고 버린 남자보다 훨씬 죄가 없다고 본능적으로 느낀다. 그래서 그녀에게 관용을 베풀어야 한다고 느끼는 것이다.

계층 심리와 다른 범주의 군중심리에 대해 잘 알고 있는 나이기에, 나라면 잘못 기소된 사건에 대해서는 판사보다는 배심원단이 다루기를 선호할 것이다. 배심원단에게는 나의 결백을 인정받을 기회가 있지만 판사들에게서는 그렇지 못하기 때문이다. 군중의 힘은 두려워해야 하지만, 특정 계층의 힘은 더 두려워해야 한다. 군중은 설득이 가능하나 계층은 그렇지 않다.

4장

유권자 군중

유권자 군중의 일반적 특징 ─ 유권지 군중을 설득하는 빙식 ─ 후보자가 갖추어야 할 자질 ─ 명망의 필요성 ─ 노동자와 농민이 같은 계급의 후보자를 거의 선택하지 않는 이유 ─ 말과 공식이 유권자에게 미치는 영향 ─ 선거 연설의 일반적 측면 ─ 유권자 군중의 의견은 어떻게 형성되는가 ─ 정치위원회의 권력 ─ 그들은 가장 가공할 형태의 폭정을 대표한다 ─ 혁명위원회 ─ 보통선거권은 약한 심리적 가치에도 불구하고 대체될 수 없다 ─ 투표권이 특정 계급의 시민에게만 제한되면서도 투표 방법은 그대로인 이유 ─ 나라마다 보통선거권은 무엇을 표현하는가

유권자 군중, 특정 기능의 소유자를 선출하는 권한을 가진 이집단은 이질적 군중이지만 그들의 행동은 명확하게 결정된 단일문제, 즉 서로 다른 후보자 중에서 한 명을 선택하는 것에 국한된다. 그렇기에 그들은 앞서 설명한 특성 중 몇 가지만 나타낸다. 군중 특유의 특성 중 그들에게는 특히 미미한 이성적 사고, 비판

정신의 부재, 과민성, 쉽게 믿음, 단순함 등이 보인다. 그들의 결정에는 그 군중을 이끄는 지도자가 영향을 미치며 우리가 배웠던 요인들, 즉 확언, 반복, 명망, 전염성 등의 요인도 그 역할을 한다.

어떤 방법으로 유권자 군중이 설득되는지 살펴보자. 그들을 설득하는 가장 성공적인 방법을 살펴보면 그들의 심리를 쉽게 추론할 수 있을 것이다.

후보자가 보유해야 하는 가장 중요한 것은 명망이다. 개인의 명망은 오직 부에서 비롯된 명망으로만 대체될 수 있다. 재능과 천재성조차도 설득을 성공시키는 데 있어 중요치 않다.

후보자에게 가장 중요한 것은 명망을 지니는 것이다. 후보자의 명망은 유권자들에게 어떤 토론 없이도 자신을 부각할 수 있는 요인이다. 유권자들의 대다수가 노동자 또는 농민이다. 그들이 자신을 대표할 사람으로 자신의 계급 속 사람을 선택하지 않는 이유는 그러한 사람이 그들 사이에서 명망이 없기 때문이다. 유권자들이 우연히 자신들과 동등한 사람을 선출하는 경우는 저명한 인사나 자신들이 매일 의존하는 유력한 고용주 등에게 앙갚음하려는 부수적인 이유가 있을 때이다. 이렇게 하면 유권자들은 잠깐 자기 고용주의 주인이 된 것 같은 착각에 빠질 수 있기 때문이다.

하지만 명망만으로는 후보자의 성공을 보장할 수 없다. 유권자는 특히 자신의 탐욕과 허영심을 채워 주는 후보자의 아첨에 집착한다. 유권자들은 가장 사치스러운 아첨에 압도되길 원하므로 후보자는 그들에게 가장 환상적인 약속을 하는 데 주저해서는 안 된다. 만약 유권자가 노동자라면 고용주를 너무 모욕하고 낙인찍어서도 안 된다. 경쟁 후보에 관해서는, 확언, 반복 및 전염을 통해 그가 순 악당이며 범죄자라는 사실을 유권자에게 납득시키고 자신의 입지를 확립함으로써, 경쟁 후보의 기회를 파괴하려는 노력을 기울여야 한다. 물론 타당한 증거 같은 것은 소용없다. 만약 경쟁 후보가 군중심리에 대해 잘 알지 못하는 사람이라면, 이쪽의 확언에 자신도 확언으로 대응하지 못하고 논증으로 자신을 정당화하려고 노력할 것이다. 그리고 그런 방식은 성공할 가능성이 전혀 없다.

후보자의 문서 공약은 너무 단정적이어서는 안 된다. 나중에 경쟁자들이 이에 대해 공격할 수 있기 때문이다. 그러나 말로 하는 공약도 너무 많은 과장이 있어서는 안 된다. 가장 중요한 개혁은 두려움 없이 약속되어야 한다. 이러한 과장된 약속은 이뤄지는 순간 큰 효과를 낼 수 있으며, 미래에 대한 구속력은 없다. 내가 관찰한 바로 유권자들은 자신이 환호했던 선거공약들을 후보자가 얼마나 잘 지키는지 애써 지켜보지 않았다. 그러한 공약으로 그 후보자가 선거에서 승리를 얻었음에도 말이다.

앞서 설명한 설득의 모든 요소를 여기서 알 수 있다. 우리가 이미 알아본 마법의 힘을 가진 말과 공식에 의해 만들어지는 군중의 행동 속에서 우리는 그 요소들을 다시금 찾아볼 수 있게 된다. 이러한 설득의 수단을 활용할 줄 아는 연설가는 군중을 상대로 자신이 원하는 것을 마음대로 할 수 있다. 악명 높은 자본, 사악한 착취자, 훌륭한 노동자, 부의 사회화 등과 같은 표현은 이미 많이 사용되었으나 항상 같은 효과를 가져온다. 정확한 확언은 하지 않고 가능한 한 가장 다양한 열망에 부응하는 데 적합한 새로운 말의 공식을 만들어 내는 후보는 틀림없이 성공할 것이다. 1873년에 일어난 스페인 혁명은 군중이 각자 자신만의 해석을 할 수 있었던 모호한 문구에 의해 촉발됐다. 한 현대 작가는 이 문구의 시작을 다음과 같이 묘사했는데 인용할 만하다.

급진주의자들은 중앙집중화된 공화국이 군주제가 단지 변장한 것에 불과함을 발견했다. 그리고 의회는 급진주의자들의 기분을 맞추기 위해 만장일치로 연방공화국을 선포했지만, 유권자 중 누구도 자신이 방금 찬성 투표한 연방공화국이 무엇인지 설명할 수 없었다. 그러나 이 연방공화국이라는 말과 공식은 모든 사람을 기쁘게 했고, 도취시켜 정신을 혼미하게 했다. 미덕과 행복의 통치가 이 땅에서 막 시작되는 순간이었다. 상대방이 연방주의자라고 불러 주지 않자, 한 공화주의자는 자신이 치명적인 모욕을 당했다고 생각하기까지 했다. 사람들은 거리에서 서로에게 이렇게 외쳤다. "연방공화국 만세!" 그 후 군대에 규율이 없어지고 병사들이 자율적으로 행동하는 것에 사람들은 찬미가를 불렀다. '연방공화국'이라는 말은 어떻게 이해된 것일까? 지방의 해방, 미국과 유사한 기관 및 행정기구의 분권화를 의미하는 것으로 받아들이는 사람들이 있었고, 다른 사람들은 모든 권위를 폐지한, 위대한 사회적 청산의 신속한 시작이라고 생각하기도 했다. 그리고 바르셀로나와 안달루시아의 사회주의자들은 코뮌(최소 행정 구역)의 절대적 주권을 주장하며 스페인을 만 개의 독립된 지방자치단체로 나누어 자치단체마다 법을 따로 만들고, 경찰과 군대를 해체해야 한다고 주장했다. 남부 지방에서는 반란이 마을에서 마을로 퍼져 나가는 것을 볼 수 있었다. 한 마을은 전선과 철로를 파괴하여 이웃 및 마드리드와의 모든 통신을 차단하겠다고 선언했다. 아주 작은 마을도 스스로 자립하기로 결심했다. 연방은 지역주의로 변해 버려 학살, 방화가 난무했고, 잔인하고 피비린내 나는 사투르날리아 축제가 전국에서 열렸다.

이성적 사고가 유권자의 마음에 행사할 수 있는 영향력이 없다는 것에 조금이라도 의심이 있다면, 선거 집회 보고서를 단 한 번도 읽어 보지 않은 결과라고밖에 볼 수 없다. 그런 집회에서는 확언, 욕설, 때로는 일격이 오가지만 결코 논증은 일어나지 않는다. 그러다가 잠시 정적이 흐르는 순간이 오는데, 소위 '까다로운 고객'이라는 평판을 가진 참석자 중 누군가가 후보자에게 난처한 질문을 던지겠다고 선언했기 때문이다. 이는 항상 청중의 즐거움이 된다. 그러나 반대파의 만족은 오래가지 못한다. 질문자의 목소리는 곧 질문자를 적대시하는 소란에 묻혀 버리기 때문이다. 다음 공공 집회 보고서는 일간신문에 실린 수백 개의 유사한 사례 중에서 선택되었으니 전형적인 것으로 여길 수 있다.

집회 주최자 중 한 명이 모임 사람 중에서 의장을 선출해 달라고 요청하자 폭풍이 몰아쳤다. 무정부주의자들이 단상 위로 뛰어올라 위원회를 장악했다. 사회주의자들은 격렬하게 방어했다. 주먹이 오가고 서로의 당을 스파이라 칭하며 비난했다. …… 한 시민은 눈에 멍이 들어 회의장을 빠져나갔다. 그런 소동 속에서도 위원회는 어찌저찌 만들어졌고, 발언권이 동지 X에게 주어졌다. 그 연설자가 사회주의자들에 대한 격렬한 공격을 시작하자, 사회주의자들은 '멍청이, 악당, 불한당' 등을 외치며 그를 방해하기 시작했다. 이에 대해 동지 X는 사회주의자들은 '바보들' 또는 '사기꾼들'이라는 이론을 제시하며 대답했다. …… 알

마니스트당은 어제저녁 포부르 뒤 탕플에 있는 상공회의소에서 5월 1일에 있을 노동절 축제의 예비 집회를 열었다. 집회 구호는 '평온과 고요'였다. 동지 G는 사회주의자들을 '멍청이'와 '웡웡거리는 벌레'라고 암시했다. 동지 G는 사회주의자들을 '바보'와 '협잡꾼'이라고 언급했고, 이 말 한마디에 욕설이 난무하고 청중들은 주먹질을 했다. 의자, 테이블, 벤치 등이 무기로 바뀌었다. ……

이런 토론이 특정 계층의 유권자들에게만, 또 그들의 사회적 지위에 따라서만 일어난다고 한순간도 생각해서는 안 된다. 모든 익명의 집회에서, 그것이 고학력자들로만 구성되어 있더라도, 토론은 항상 이 같은 형태를 취한다. 사람들이 군중 속에 모이면 정신적 수준이 평준화되는 경향이 있으며 이것의 증거는 매번 발견된다. 1895년 2월 13일 자《템프》지에서 발췌한 다음 문장은 학생들로만 구성된 집회에 대한 보고서인데 그 증거를 보여준다.

소란은 저녁이 지날수록 더 커졌다. 한 연설가가 두 마디라도 할라치면 제지당했다. 매 순간 이쪽저쪽에서 고함이 터졌고 박수 소리와 야유 속에 청중들 사이에서 격렬한 토론이 진행 중이었다. 각목을 위협적으로 휘두르기도 하고 박자를 맞추어 바닥을 차기도 했다. 그리고 방해꾼들에 대해서는 "그를 내보내!" 또는 "말 좀 하게 해!"라는 고함이 터져 나왔다.

C는 협회에 대해 혐오스럽고 비겁한 괴물이며 사악하고 악랄하며 복수심에 불탄다는 등 온갖 욕설을 퍼부었다. 그는 협회를 아예 해체

하고 싶다고 선언했다. ……

이러한 상황에서 유권자가 어떻게 의견을 형성할 수 있겠느냐고 물을 수 있다. 그러나 그런 질문을 던지는 것은 집단이 누릴 수 있는 자유의 정도에 대해 이상한 망상을 품는 것과 같다. 군중은 그들에게 강요된 의견만을 가지고 있을 뿐, 결코 이성적으로 사고한 의견을 가지지 않는다. 이 경우에 유권자들의 의견과 투표는 선거위원회의 손에 달려 있으며, 그 주요 정신을 이끄는 자들은 노동자들에게 외상을 주며 큰 영향력을 행사하는 술집 주인들이다. 오늘날 민주주의의 가장 용감한 옹호자 중 한 명인 셰레는 이렇게 말한다.

선거위원회가 뭔지 아십니까? 선거위원회는 우리 제도의 초석이자 정치기구의 걸작입니다. 프랑스는 오늘날 선거위원회에 의해 통치되고 있습니다.*

---

* 동호회든, 조합이든 어떤 이름을 가졌건 위원회는 군중이 가진 힘으로부터 생긴 가장 확실한 위험 요소이다. 그리고 결과적으로 가장 억압적인 형태의 폭정이기도 하다. 위원회를 지휘하는 지도자들은 집단의 이름으로 말하고 행동하므로 모든 책임에서 자유롭고 그저 자신들이 선택한 대로 행동한다. 가장 야만적인 폭군도 프랑스혁명 위원회의 포고령과 같은 것을 강제할 수 있다고는 꿈도 꾸지 못했을 것이다. 바라스는 혁명위원회가 자기들 마음대로 위원들을 뽑으면서 국민공회를 무너뜨렸다고 선언했다. 로베스피에르는 혁명위원회의 이름으로 연설할 수 있는 한 절대적인 권력을 휘두를 수 있었다. 이 무시무시한 독재자가 개인적인 자존심 때문에 혁명위원회와 거리를 두는 순간, 그는 권력을 잃고 말았다. 군중의 통치는 위원회의 통치이다. 즉 군중의 지도자들의 통치이다. 이보다 더 심각한 독재는 상상할 수 없다.

후보자가 호감이 가고 적절한 재정 능력이 있기만 하다면, 위원회에 영향력을 행사하는 것은 어렵지 않다. 불랑제 장군의 선거 자금 후원자들은 불랑제 장군이 여러 번의 선거에 승리하는 데 삼백만 프랑으로 충분했다고 전한다.

이것이 유권자 집단이라는 군중의 심리이다. 그들의 심리는 다른 군중들과 같다. 더 좋지도 나쁘지도 않다.

나는 보통선거에 반대한다는 결론을 내리지는 않겠다. 만약 내가 그 운명을 결정해야 한다면, 군중심리에 대해 우리가 조사한 사실들의 관점에서 나온 실용적인 이유로 그것을 그대로 유지해야 한다고 말할 것이다. 그리고 이런 이유에서 나는 그것들에 대해 설명할 필요가 있다.

보통선거의 부정적 측면은 그냥 지나칠 수 없을 정도로 너무 명백하다. 문명이 피라미드의 정점을 이루는 소수의 우수한 지성인의 작품이었다는 것은 의심의 여지가 없다. 정신적 힘의 감소에 비례하여 넓어지는 피라미드의 각각의 칸은, 국가의 군중을 이루는 계층들을 나타낸다. 한 문명의 위대함은 단순히 수많은 열등한 사람들로부터 얻는 투표에만 의존할 수 없다. 의심할 여지 없이, 군중에 의한 투표는 매우 위험할 때가 있다. 이런 투표의 결과 때문에 우리는 이미 몇 번의 침략을 당했고, 군중이 지지하는 사회주의의 승리를 고려한다면 군중 주권의 변덕은 우리에게 더 큰 대가를 치르게 할 것이다.

그러나 이러한 반대는 이론상으로는 훌륭하지만 실제로는 그렇지 못하다. 아무도 이의를 제기하지 않는 사상은 교리로 변질된다는 것을 기억한다면, 이에 대한 반대는 힘을 잃는다는 걸 인정할 수 있을 것이다. 군중 주권의 교리는 철학적 관점에서 중세의 종교적 교리와 같다. 중세 종교 교리와 같은 절대적인 힘을, 지금은 군중 주권의 교리가 누리고 있기 때문이다. 과거에 종교적 사상을 공격할 수 없었던 것처럼 우리는 군중의 교리를 공격할 수 없다. 현대의 자유사상가가 기적적으로 중세의 한가운데로 옮겨졌다고 상상해 보라. 그 사람이 당시 시행되고 있던 종교 사상의 절대적이나 다름없는 권력을 확인한 후, 그것을 공격하고 싶은 유혹을 받으리라고 생각하는가? 악마와 계약을 맺었다거나 마녀들의 안식일에 참석했다는 죄목으로 그를 화형에 처하려는 판사의 손에 넘어간 사람이 악마나 안식일의 존재에 의문을 제기하는 것이 가능할까? 오늘날 보통선거의 교리는 기독교 교리가 이전에 가졌던 권력을 가지고 있다. 연설가들과 작가들은 루이 14세도 받아 보지 못한 존경과 찬사를 보통선거에 보낸다. 따라서 모든 종교적 교리와 마찬가지로 보통선거를 취급해야 한다. 오직 시간만이 교리들을 바꿀 수 있다.

게다가, 이 교리가 합리적 이유가 있어 보일 때는 이 교리를 약화하려 시도하는 것은 더욱 쓸모가 없다. 토크빌은 이렇게 말했다. "평등의 시대에는 사람들이 모두 비슷하므로 서로에 대한 믿음이 없다. 그러나 이 같은 유사성은 그들에게 대중의 판단에 대한 무한에 가까운 신뢰를 준다. 모든 사람이 계몽된 상태에서는 수적 우월성이 곧 진리이기 때문이다."

제한된 참정권, 즉 원한다면 지적 능력에 따라 제한된 참정권이 군중의 투표에 개선을 가져올 것이라 믿어야만 하는가? 나는 이 것을 잠시도 인정할 수 없으며, 이유는 내가 이미 그 구성이 어떻든 모든 집단의 정신적 열등성을 언급했기 때문이다. 군중 속에서 사람들은 항상 같은 수준으로 존재하는 경향이 있으며, 일반적인 질문에 대해 40명의 학자가 기록한 투표는 40명의 물장수의 그것보다 낫지 않다. 예를 들어 제국의 재건과 같이 보통선거권이 비난받는 선거들에 대해 나는 유권자들이 학식과 자유주의 교육을 받은 사람들로 구성되었다고 해도 결과가 달라졌으리라고 조금도 믿지 않는다. 한 개인이 그리스어나 수학을 알고 건축가, 수의사, 의사 또는 변호사라 해서 사회문제에 대한 특별한 지성을 가진 것은 아니기 때문이다. 우리 프랑스의 정치경제학자들은 모두 고학력자이고 대부분 교수나 학자이지만, 그들이 일반적인 질문(보호주의, 복본위제 등)에 합의를 본 적이 한 번이라도 있는가. 그 이유는 그들의 과학이란 우리의 보편적 무지를 매우 약화한 형태일 뿐이기 때문이다. 사회문제와 관련해서는 알려지지 않은 것이 너무나도 많기에 인간은 실질적으로 똑같이 무지하다.

결과적으로 유권자가 지식으로 채워진 이들로만 구성된다 해도 그들의 투표는 지금과 다를 게 없을 것이다. 그들은 주로 그들의 감정과 정당 정신에 의해 인도된다. 지금 우리가 싸워야 하는 어려움에서 벗어나지도 못할뿐더러 우리는 계층의 억압적인 폭정을 겪어야 한다.

제한적이든 일반적이든, 공화정이든 군주제든, 프랑스, 벨기에, 그리스, 포르투갈, 스페인, 그리고 어느 곳에서 행해지든 군중의 참정권은 모든 곳에서 같다. 그리고 모든 요소를 고려해 볼 때, 그것은 인종의 무의식적 열망과 욕구의 표현이다. 각 나라에서 선출된 사람들의 평균적인 의견은 그 민족의 특성을 대표하며, 한 세대에서 다른 세대로 넘어가도 변하지 않음을 알 수 있다.

그렇다면 우리는 다시 한번 우리가 자주 봐 왔던 인종에 대한 근본적 개념과 제도, 정부는 민족의 삶에서 작은 부분만을 차지한다는 첫 번째 개념의 결과물로서의 또 다른 개념에 다시 한번 직면하게 된다. 민족은 주로 인종의 특성, 즉 조상 대대로 유전된 특성의 잔재에 의해 인도된다. 인종과 매일 우리가 필요로 하는 일들이 바로 우리 운명의 신비로운 지배자이다.

5장

의회

의회 군중은 익명이 아닌 이질적인 군중에게 공통으로 나타나는 대부분의 특성을 보인다 — 견해의 단순성 — 견해의 암시성과 그 한계 — 파괴할 수 없는 고정된 견해와 변화된 견해 — 결정 못 하는 일이 흔한 이유 — 지도자의 역할 — 명망의 이유 — 지도자들은 의회의 진정한 주인이며, 그런 점에서 그들의 표는 단지 소수의 표에 불과하다 — 지도자들이 행사하는 절대적인 권력 — 그들의 웅변술의 요소 — 문구와 이미지 — 지도자들이 일반적으로 완고한 신념과 편협한 생각을 갖게 되는 심리적 필연성 — 명망이 없는 연설자가 자신의 주장을 인정받는 것은 불가능하다 — 의회에서의 감정의 과장 — 어떤 순간에 그들은 자동적이 된다 — 국민공회의 회기 — 의회가 군중의 특성을 상실하는 경우 — 기술적인 문제가 발생할 때 전문가의 영향력 — 모든 국가에서 의회제도의 장점과 위험 — 의회제도는 현대적 필요성에 적응한다 — 그러나 그것은 재정적 낭비와 모든 자유의 점진적 축소를 수반한다 — 결론

의회에는 익명이 아닌 이질적인 군중의 예가 있다. 의원 선출 방

식은 시대와 국가에 따라 다르지만 매우 유사한 특징을 보인다. 인종의 영향력은 군중에게 공통으로 나타나는 특성을 약화하거나 과장하지만, 그 특성이 나타나는 것 자체를 막을 수는 없다. 그리스, 이탈리아, 포르투갈, 스페인, 프랑스, 미국 등 각기 다른 나라들의 의회는 토론과 표결에서 커다란 유사점을 보인다. 그리고 각 나라의 정부 역시 같은 어려움에 직면한다.

더욱이 의회제도는 모든 현대 문명인의 이상을 나타낸다.

이 제도는 소수의 사람보다는 많은 사람이 모여야 주어진 주제에 대해 더 현명하고 독립적인 결정을 내릴 수 있다는 생각에 기반한다. 이는 심리학적으로는 잘못되었으나 일반적으로 받아들여지는 견해이다.

지적 단순성, 과민성, 암시성, 정서의 과장, 그리고 소수 지도자의 압도적인 영향력 등 군중의 일반적 특성은 의회에서도 나타난다. 그러나 결과적으로 의회 군중은 특별한 구성으로 인해 몇 가지 차이를 보이는데, 이에 대해서는 곧 지적하겠다.

의견의 단순성은 의회가 보이는 중요한 특성 중 하나이다. 모든 정당의 경우, 특히 라틴 민족의 경우에는 지금도 변함없이 가장 복잡한 사회문제를 가장 단순한 추상적 원칙과 모든 경우에 적용되는 일반 법칙으로 해결하려는 경향을 보인다. 물론 원칙은 정당에 따라 다르지만, 개별 구성원이 군중의 일부라는 단순한 사실 때문에 그들은 항상 원칙의 가치를 과장하고 극단적인 결과로 밀어붙이는 경향이 있다. 결과적으로 의회는 더욱 특별히 극단적인 의견을 대변한다.

집회 특유의 의견을 기발하게 단순화한 가장 완벽한 예는 프랑스혁명의 자코뱅이 제공한다. 독단적이고 논리적이며 모호한 일반성이 뇌를 가득 채우고 있는 그들은 사건에 신경 쓰지 않고 고정된 원칙을 적용하는 데 바빴다. 그래서 그들은 혁명을 보지도 않고 혁명을 겪었다는 말이 나올 정도였다. 그들은 자신들에게 지침이 되어 준 아주 단순한 교리를 바탕으로 사회를 위에서 아래로 재구성하고, 고도로 정제된 문명을 사회 진화의 훨씬 앞선 단계로 돌아가게 할 수 있다고 생각했다. 그들이 꿈을 실현하기 위해 사용한 방법은 절대적인 순진함이었다. 그들은 현실적으로 그들의 앞길을 가로막는 것을 파괴하는 데에만 몰두했다. 지롱드당, 산악당, 테르미도르당 등 모든 이들은 이 같은 정신으로 움직였다.

의회 군중은 암시에 매우 약하다. 모든 군중의 경우와 마찬가지로, 암시는 명망을 지닌 지도자에게서 나온다. 그러나 의회가 암시받는 데에는 명확하게 정의된 한계가 있으며, 이는 중요하기에 꼭 짚고 넘어가야 한다.

각각의 의원은 지역과 지역 이해를 통튼 모든 문제에 대해서 어떤 논쟁으로도 흔들 수 없는 고정된 의견을 가지고 있다. 데모스테네스 같은 재능 있는 사람도 보호무역이나 술을 증류하는 특권 등 영향력 있는 유권자들과 이해관계가 얽힌 문제들에 대한 의원의 표결을 바꾸기에는 무력할 것이다. 투표 전 이러한 유권자들이 자신들의 이해관계를 통해 암시하는 바는 그 영향력이 너무 크다. 그래서 의원들이 다른 어떤 출처에서 나오는 암시도 모두 없는 셈 치는, 절대적으로 고정된 의견을 형성하게 만든다.*

---

* 오랜 경험을 가진 한 영국 의원의 다음과 같은 말은 의심할 여지 없이 미리 고정되

내각의 전복, 세금 부과 등 일반적인 문제들에 대해서는 의원들의 의견이 고정되어 있지 않기에 일반 군중에게 통하는 지도자들의 암시가 의회 군중에게는 영향력을 행사하지 못한다. 모든 정당에는 때때로 의회 군중과 일반 군중에게 동등한 영향력을 가진 지도자가 있다. 그 결과 의원들은 상반되는 암시들 사이에 놓이게 되고, 필연적으로 어떻게 투표해야 할지 망설이게 된다. 이것은 왜 의원들이 종종 15분 정도의 간격으로 표심이 변하거나 법률을 무효로 하는 조항을 추가하는 등의 행위를 하는지를 설명한다. 예를 들어 고용주가 노동자를 선택하고 해고할 수 있는 권리를 철회하고 나서 바로 개정을 통해 이 법안을 거의 무효화하는 경우를 들 수 있디.

이 같은 이유로 회기마다 의원들은 매우 안정적인 의견도 또 매우 변화무쌍한 의견도 마주하게 된다. 전반적으로 일반적인 질문이 많을수록 의원들은 불확실함에 시달린다. 이 불확실함은 항상 존재하는 유권자들에 대한 두려움, 그들에게 항시 잠재된 지도자들의 영향력을 상쇄하는 경향이 있는 암시에서 비롯된다.

그러나 미리 정해진 의견이 없는 주제들에 대한 수많은 토론에서 강력하게 주도권을 잡는 것은 역시 지도자들이다.

이러한 지도자들의 필요성은 분명하다. 모든 국가의 의회에서 이들을 집단의 대표라는 이름으로 만날 수 있기 때문이다. 그들은 의회의 진정한 통치자이다. 군중을 형성하는 것은 주인 없이는 할

고, 선거의 필요 때문에 변경될 수 없는 의견들에 적용할 수 있다. "웨스트민스터에 앉아 있는 50년 동안 나는 수천 번의 연설을 들었지만 내 의견을 바꾼 연설은 하나도 없었고, 내 표심을 바꾼 연설도 없었다."

수 없기에 의회의 투표는 원칙적으로 소수의 의견만을 대표하게
된다.

지도자의 영향력은 그들의 논증 역량에 기인하는 바도 있지만
크지 않고, 대부분은 그들의 명망에 기인한다. 이에 대한 가장 좋
은 증거는 그들이 어떤 이유로든 명망을 잃으면 그들의 영향력이
사라진다는 사실이다.

지도자들의 명망은 개인적이며, 이름이나 유명세와 무관하다.
이 사실에 대해 쥘 시몽은 자신도 속했었던 1848년 의회의 저명
한 의원들에 대한 흥미로운 이야기를 제공해 준다.

루이 나폴레옹은 막강한 권력자가 되기 두 달 전만 해도 전혀 중요
성이 없는 사람이었다.

빅토르 위고는 연단에 올라 연설했지만 성공하지 못했다. 펠릭스 피
아에게 열중하듯 청중은 위고의 연설에 귀를 기울였으나 박수갈채를
보내지는 못했다. 볼라벨은 펠릭스 피아에 대해 "나는 그의 사상을 좋
아하지 않지만, 그는 프랑스의 가장 위대한 작가이자 위대한 연설가
중 한 명이다."라고 말했다. 에드가 퀴네는 탁월하고 강력한 지성을 가
졌음에도 불구하고 전혀 존경받지 못했다. 그는 의회가 열리기 전 한
동안 인기를 누렸으나 의회 안에서는 인기가 없었다.

천재의 탁월함은 다른 어느 곳보다 정치권에서 덜 발휘된다. 청중은
오직 때와 장소에 맞는 당을 위한 연설에만 귀 기울일 뿐 국가를 위한
연설에는 그렇지 않다. 의회는 1848년 라마르틴과 1871년 티에르에게

경의를 표하기 위해서는 긴급하고 거침없는 이해관계라는 자극제가 필요했다. 그러나 위험이 사라지자마자 의회라는 세계는 감사와 두려움 둘 다를 동시에 잊었다.

앞의 구절은 담고 있는 사실을 전달하기 위해 인용한 것이지, 그것이 제공하는 설명을 전달하려는 것이 아니다. 즉 의회 군중의 심리가 다소 조악하다는 것이다. 군중은 지도자의 정당에 대한 혹은 국가에 대한 봉사에 대해 신뢰하는 즉시 군중의 특성을 잃는다. 지도자에게 복종하는 군중은 그의 명망에 영향을 받는 것이지, 어떤 이해관계나 감사의 정서에 굴복하는 것이 아니다.

그 결과 충분한 명망을 얻은 지도자는 거의 절대적인 권력을 휘두르게 된다. 오랜 기간 막대한 영향력을 행사한 한 의원이 지난 총선에서 특정 금융 사건으로 인해 낙선한 사건은 잘 알려져 있다. 내각이 전복되는 데에는 그가 신호를 보내기만 하면 되었다. 한 작가는 그의 행동이 가지는 영향력을 다음과 같이 표현했다.

우리가 세 배의 금액을 치르고 통킹 지역을 산 것, 마다가스카르에서 확고한 발판을 세우지 못한 것, 니제르강 하류의 제국을 빼앗긴 것, 이집트에서 우리의 우월적 지위를 잃은 것, 이 모두 X 의원 때문이다. X 의원의 이론은 우리가 나폴레옹의 재앙 속에 있을 때보다도 더 많은 영토를 잃게 했다.

그러나 우리는 이 문제의 지도자에 대해 너무 원한을 품어서는 안 된다. 그가 우리에게 큰 대가를 치르게 한 것은 분명하지만, 그가 가진 영향력의 상당 부분은 그가 식민지 문제를 두고 지금과는 거리가 먼, 당시의 여론을 따랐기 때문에 생긴 것이다. 지도자는 여론보다 앞서가는 경우가 거의 없으며, 항상 여론을 따르고 여론의 모든 오류를 옹호해야 한다.

우리가 상대하는 지도자들의 설득력은 명망을 제외하면 대부분 이미 여러 차례 열거한 요소들에 기인한다. 이러한 자원을 능숙하게 활용하려면 지도자는 군중의 심리를 적어도 무의식적으로나마 이해하고 있어야 하며, 이를 어떻게 다뤄야 하는지 알아야 한다. 특히 단어, 문구, 이미지의 마술 같은 것들의 영향력을 인식하고 있어야 한다. 지도자는 증거를 대야 할 부담이 없는 에너지 넘치는 확언과 간결한 논증이 함께하는 인상적 이미지들로 구성된 특별한 웅변 기술을 가지고 있어야 한다. 이것은 가장 진지하다고 알려진 영국 의회를 포함하여 모든 의회에서 우리가 볼 수 있는 종류의 웅변술이다.

영국 철학자 메인은 말한다.

토론 전체가 성급한 일반론과 인신 공격에 국한된 하원의 토론집은 계속해서 군중에게 읽힐 것이다. 이러한 토론의 일반적 공식은 순수한 민주주의의 상상력에 엄청난 영향력을 행사한다. 비록 이 공식이 검증되지 않은 데다 검증의 대상이 될 일이 없을지라도, 눈에 띄는 용어로 제시된 일반적인 주장을 군중이 받아들이도록 만드는 것은 언제나 쉬운 일이다.

위의 인용문에서 언급된 "눈에 띄는 용어"에 너무 많은 중요성을 부여할 수는 없다. 나는 이미 여러 차례에 걸쳐 말과 공식이 특별한 힘을 가짐을 주장했다. 그들은 생생한 이미지를 매우 잘 연상시키는 방식으로 선택되어야 한다. 다음 문구는 우리 의회의 지도자 중 한 사람의 연설에서 발췌한 것으로 훌륭한 예가 될 수 있다.

부패 정치인과 살인죄를 저지른 무정부주의자가 같은 배를 타고 열병에 시달리는 교도소 땅을 향해 항해할 때, 그 두 사람은 함께 대화할 수 있을 것이며 서로가 평등한 사회의 두 가지 보완적 측면으로 보일 것이다.

이렇게 불러일으켜진 이미지는 매우 생생하며, 해당 연설자의 모든 적은 그것에 위협을 느꼈다. 적들은 열병에 시달리는 나라와 그들을 실어 나르는 배에 대한 이중적인 이미지를 떠올렸다. 이는 자신들도 다소 위협받는 나쁜 평판을 가진 정치인의 범주에 들기 때문이 아닐까? 그들은 그 연설 속에 숨은 위협을 느끼고 두려워했다. 이는 한때 국민공회 의원들도 느꼈던 두려움이었다. 과거에 국민공회 의원들은 로베스피에르의 모호한 연설을 들으며 자신들도 단두대에서 처형되지 않을까 하는 위협을 받았고, 그래서 변함없이 그에게 굴복한 것이었다.

또한 지도자들은 말도 안 되는 과장에 빠지기도 한다. 내가 방금 인용한 연사는 은행가와 사제들이 폭탄 테러범들에게 보조금을 지급했으며, 거대 금융 회사의 이사들은 무정부주의자들과 같은 처벌을 받아야 마땅하다고 주장했으나 격렬한 항의를 받지는 않았다. 이런 종류의 확언은 군중에게 항상 효과적이다. 확언은 폭력적이고 선언은 위협적일수록 좋다. 이런 종류의 웅변보다 청중을 더 위협하는 것은 없다. 청중은 이에 항의하면 반역자나 공범으로 몰릴까 두려워하기 때문이다.

앞에서 말했듯, 이 독특한 웅변 스타일은 지금까지 모든 의회에서 효력을 발휘했다. 위기의 시기에는 그 힘이 더욱 발휘된다. 프랑스 혁명의회의 위대한 연설가들의 연설은 이러한 관점에서 보면 매우 흥미롭게 읽을 수 있다. 그들은 매 순간 범죄를 비난하고 미덕을 칭송해야 한다고 생각했고, 그 후 독재자에 대한 비난을 터뜨리며 자유롭게 살거나 아니면 죽음을 택하겠노라고 맹세했다. 그러면 청중은 자리에서 일어나 격렬하게 박수를 보냈고, 진정한 후에야 다시 자리에 앉았다.

때때로 지도자는 지적이고 교육 수준이 높을 수 있다. 그러나 이러한 자질을 소유하는 것은 대체로 그에게 득보다 실이 더 많다. 지성은 세상이 얼마나 복잡한지를 보여주고, 설명하도록 허락하며, 이해를 촉진함으로써 항상 그 소유자가 관용적이 되게 하고, 어떤 확신의 강력함과 맹렬함은 무뎌지게 만든다. 그러나 어떤 신념을 받아들이고 옹호하려는 사람들에게 그런 확신의 강력함과 맹렬함은 꼭 필요한 것이다. 모든 시대의 위대한 군중 지도자들, 특히 혁명의 지도자들은 한심할 정도로 편협한 지성을 가진 사람들이었다. 그리고 그런 사람들이 가장 큰 영향력을 행사했다.

그중 가장 유명한 로베스피에르의 연설은 일관성이 없어 종종 놀라움을 금치 못한다. 읽어만 봐도 그 강력한 독재자가 어떻게 그렇게 큰 역할을 할 수 있었는지 설명할 수 없음을 알 수 있다.

교육적 웅변과 라틴 문화의 진부함, 중복성은 평범한 사람들보다는 유치한 정신세계를 지닌 사람들에게 잘 맞을 것 같다. 이것들은 마치 초등학교 아이들의 반항적 태도와 같은 공격과 방어의 관념에만 국한되어 있다. 사상도 없고 유쾌한 반전도 없으며 짜릿함도 없는 연설은 그 절정에서도 청중을 지루하게만 한다. 이 감흥 없는 연설이 끝나면 누구나 저 사근사근한 카미유 데물랭과 함께 '휴!'라고 외치고 싶어질 것이다.

강력한 확신이 극도로 편협한 사고와 결합하여 사람을 사로잡는 명망을 형성한다고 생각하면 때로는 무섭기까지 하다. 그럼에도 장애물을 무시하고 의지의 힘을 높은 수준으로 보여주기 위해서는 이러한 조건이 충족되어야 한다. 에너지와 확신을 가진 사람을 보면 군중은 본능적으로 그를 자신들이 필요로 하는 군중의 주인으로 인식한다.

의회 연설의 성공 여부는 거의 전적으로 연설자가 가진 명망에 달려 있으며 그가 제시하는 논증은 전혀 영향을 미치지 않는다. 이에 대한 가장 좋은 증거는 어떤 이유로든 연설자가 명망을 잃으면 동시에 모든 영향력, 즉 투표에 마음대로 영향을 미칠 힘도 잃는다는 것이다.

무명의 연설자가 아무리 좋은 논증을 담은 연설문을 들고나와서 주장을 늘어놓는다 해도 청중은 듣기만 할 뿐 아무 감흥을 못받는다. 단순한 청문회가 될 가능성이 높다. 통찰력을 가진 심리학자 데소베라는 의원은 최근 명망이 부족한 의원들에 대해 다음과 같이 묘사했다.

그는 연단에 올라가 가방에서 서류를 꺼내 자기 앞에 가지런히 펼쳐 놓고 자신감 있게 시작했다.

그는 자신의 마음을 움직이는 확신이 청중들의 마음속에도 심어질 것이라고 자신을 치켜세웠다. 그는 자신의 논증을 검토하고 또 검토했으며, 수치와 증거를 잘 준비했고, 청중을 설득할 수 있다고 확신한다. 그는 자신이 제시할 증거 앞에서 모든 저항은 무의미할 것으로 생각한다. 그는 자기 명분의 정당성을 확신하고 동료들의 관심에 의존하여 연설을 시작했다. 유일한 불안은 청중들이 진실을 받아들일 것인가 하는 문제였다. 그런데 그는 자신이 연설을 시작했음에도 장내 분위기가 차분해지지 않는 것에 놀란 다음 소음까지 나자 약간 짜증이 났다.

'어떻게 조용하게 듣지 않을 수 있지? 왜 이렇게 주목하지 않지? 떠들면서 대화하고 있는 의원들은 무슨 생각을 하고 있는 것인가? 어떤 긴급한 일이 있길래 저 의원은 의석을 비우나?'

불안한 표정이 그의 얼굴을 가로질렀다. 얼굴을 찡그리고 연설을 멈추었다. 의장이 계속하라고 격려하자 그는 다시 연설을 시작하며 목소리를 높였으나 청중은 더욱 귀를 기울이지 않았다. 그는 자기 말을 강조하기 위해 몸짓 발짓을 다 했지만 주변의 소음은 커져만 갔다. 주변의 소음 때문에 그는 자기 말조차도 듣지 못했고, 그래서 다시 연설을 멈췄다. 그러나 자신의 침묵이 마침내 연설이 끝났다는 외침을 부를까 두려워 다시 연설을 계속한다. 이제 장내의 시끄러운 소리는 참을 수 없는 지경에 이른다.

의회 군중이 흥분의 절정에 다다르면 그들도 평범한 이질적 군중과 똑같아지며, 결과적으로 그들의 정서는 항상 극단적이라는 특성을 나타내게 된다. 그들은 가장 위대한 영웅의 모습일 때도 있지만 최악의 과잉 행동을 저지르기도 한다. 이들은 더 이상 개인으로 존재하지 않으므로 자신의 개인적 이익에 가장 불리한 법안에도 찬성표를 던지게 된다.

프랑스혁명의 역사는 의회가 어느 정도까지 자의식을 잃고 그들의 이익에 가장 반하는 암시에 복종할 수 있는지를 보여준다. 귀족들이 특권을 포기하는 데에는 엄청난 희생이 필요했음에도 귀족들은 제헌의회가 열리던 그 유명한 밤에 아무 주저 없이 특권을 포기할 수 있었다. 국민공회 의원들은 자신들의 불가침성을 포기함으로써 영원한 죽음의 위협 아래 놓이게 되었다. 그들은 오늘 동료를 보내는 단두대가 내일 자신의 운명이 될 수도 있다는 것을 완벽히 알고 있었음에도 이 단계를 밟았고, 서로를 죽이는 것을 두려워하지 않았다. 사실 그들은 내가 다른 곳에서 설명한 완전 자동인형 상태에 도달했던 것이고, 그 어떤 것도 그들이 최면에 걸린 암시에 굴복하는 것을 방해하지 못했다. 그들 중 한 명인 빌로 바렌의 회고록에 나오는 다음 구절은 이 점에서 완벽한 전형을 보여준다.

그렇게 비난을 받았던 우리의 결정은 우리가 바로 이틀, 하루 전에도 원하지 않았던 것이었다. 그 결정을 낳게 한 것은 오직 그때가 위기 상황이었다는 사실뿐이다.

이보다 더 정확한 표현은 찾아볼 수 없다.
이와 동일한 무의식 현상이 폭풍우가 몰아치는 국민공회의 모든 회기 내내 목격되었다.

역사학자 텐은 말했다.

　그들은 조치를 승인하고 선포했다. 그들이 승인하기 전까지만 해도 두려워했던 이 법안은 어리석은 조치일 뿐만 아니라 무고한 사람들을 죽이고 친구들을 살해하는 범죄였다. 우파의 지지를 받은 좌파는 만장일치로 타고난 우두머리로서 혁명의 기획자이자 지도자였던 당통을 큰 박수 속에 단두대로 보냈다. 좌파의 지지를 받은 우파는 혁명정부 최악의 법령을 만장일치로 기립 박수 속에 통과시켰다. 국민공회는 감탄과 열광, 열정적인 시위 속에 콜로 데르부아, 쿠통, 로베스피에르에 대한 열정적인 공감을 보이며 정부를 유임시켰다. 평원파는 해당 정부가 살인을 저지른다고 혐오했고, 산악파는 그 정부가 자신들을 살상한다고 했다. 결과적으로 평원파와 산악파, 즉 이들 다수당과 소수당은 자신들의 자살행위를 돕는 데 동의하는 것으로 끝나고 말았다. 프랑스 혁명력으로 프레리알(목월) 22일, 공포정치법 제정일에 국민공회 전체가 사형을 받겠다고 했고, 테르미도르(열월) 8일에도 로베스피에르의 연설이 끝난 후 15분도 안 되어 그들은 또다시 죽겠다고 나섰다.

　이러한 묘사는 음울해 보일 수 있으나 모두 사실이다. 흥분하고 최면에 걸린 의회는 군중과 같은 특성을 보인다. 의회의 군중은 불안정한 무리가 되고 모든 충동에 순종한다. 1848년 의회에 대한 다음 묘사는 민주주의에 대한 믿음이 확실했던 의회주의자 스필레가 쓴 글로,《르뷔 리테레르》에 실린 내용인데 철저히 전형적인 예가 될 것 같아서 여기 인용한다. 내가 그동안 군중의 특성이라고 묘사한 모든 과장된 정서들을 보여주며 순간순간 극단적으로 상반되는 감정을 오가는 의회의 모습을 잘 드러낸다.

공화당은 분열, 질투, 의혹, 그리고 이어서 맹목적인 신뢰와 무한한 희망으로 인해 지옥으로 떨어지고 말았다. 그들의 솔직함과 순진함은 모든 사람을 믿지 못하는 것과 다름없었다. 합법성에 대한 감각도 없었고, 규율에 대한 이해도 없었다. 무한한 공포와 환상만이 뒤섞여 있었다. 이 점에서 농부와 어린아이는 동등한 위치에 있다고 할 수 있다. 그들의 침착함은 그들의 조급함만큼이나 크고, 그들의 사나운 모습은 그들의 유순함과 다르지 않았다. 이 상태는 그들의 기질이 제대로 형성되지 못한 데다 그들에게 교육이 부재함에 따른 자연스러운 결과였다. 어떤 것도 그들을 놀라게 하지 못하지만 모든 것이 그들을 혼란스럽게 만든다. 어떤 때엔 두려움에 떨기도 하고, 또 어떤 때엔 영웅적일 정도로 용감한 그들은 불구덩이에 뛰어들 때도 있는가 하면, 그림자만 보고도 뒷걸음치는 때도 있었다.

그들은 원인과 결과, 그리고 사건들 사이의 연결고리를 알지 못한다. 그들은 즉각적으로 흥분하는 것처럼 즉각적으로 낙담하며, 쉽게 공황 상태에 빠지고 기분이 너무 고조되어 있거나 저조하지만 절대로 상황에 필요한 분위기를 만들거나 조처하지 않는다. 물보다도 더 유동적이어서 그들은 모든 형태와 모든 모양을 다 띤다. 이런 사람들에게는 어떤 종류의 정부 토대가 받아들여질 수 있을까?

다행히도 방금 설명한 의회의 모든 특성은 지속해서 나타나는 것은 아니다. 의회가 그런 군중의 특성을 보이는 것은 특정 순간에만 그렇다. 의회 군중을 구성하는 개인은 많은 경우에 개인성을 유지하며, 그렇기에 의회가 훌륭한 기술적 법률안을 만들어 낼 수 있는 것이다. 이러한 법률을 만든 사람은 조용히 연구실에서 법률을 준비한 전문가이며, 실제로 투표된 법안 또한 의회가 아닌 한 개인의 작품임은 사실이다. 이러한 법은 당연히 최고이다. 다만 훌륭한 법률이 일련의 개정으로 인해 집단적 노력의 결과물로 바뀐다면 참혹한 결과를 초래할 수 있다. 군중의 작업은 그 성격이 어떠하든 홀로 존재하는 개인의 작업보다 항상 열등하다. 의회가 부적절하거나 실행 불가능한 법안을 통과시키지 못하도록 하는 것은 전문가들이다. 이 경우 전문가는 군중의 일시적인 지도자가 된다. 의회는 그에게 영향력이 없지만 그는 의회에 영향력을 행사할 수 있다.

의회가 일을 하는 데에서 오는 모든 어려움에도 불구하고, 의회 그 자체는 인류가 지금까지 발견한 최고의 정부 형태이며, 특히 개인 폭정의 속박에서 벗어날 수 있는 최선의 수단이다. 철학자, 사상가, 작가, 예술가, 그리고 학식 있는 사람 등 문명의 핵심을 이루는 사람들에게 이상적인 통치 형태는 어찌 되었든 의회임은 확실하다.

실제로 의회는 두 가지 심각한 위험을 갖는데, 하나는 피할 수 없는 재정 낭비이고, 다른 하나는 개인의 자유를 점진적으로 제한한다는 것이다.

이러한 위험 중 첫 번째, 재정 낭비는 유권자들의 긴급성과 예측력 결여로 인한 필연적인 결과이다. 예를 들어 한 의원이 모든 노동자에게 노령연금을 보장하고, 모든 계층의 고용인 임금을 인상하는 법안을 제출하는 등 민주적 사상에 명백한 만족을 주는 법안을 제안한다면, 유권자들에 대한 두려움을 가져야 한다는 암시에 젖어 있는 다른 의원들은 이런 법안이 예산에 새로운 부담을 주고 새로운 세금의 신설이 필요하다는 사실을 잘 알면서도, 유권자들의 이익을 무시하는 것으로 보일 게 뻔하므로 제안된 법안을 감히 거부하지 못할 것이다. 그들이 투표를 주저하는 것은 불가능하다. 지출 증가의 결과는 바로 나타나지 않으며 개인에게 즉각적으로 나쁜 영향을 미치지 않지만, 반대투표를 던지면 그 결과가 바로 다음 선거에서 나타난다.

상기한 원인 외에도 의회의 지출 증가라는 재정 낭비에는 그다지 중요하지는 않으나 또 다른 이유가 있다. 지역 이해와 관련된 보조금에 대한 투표의 필요성이다. 의원들은 이런 종류의 보조금을 반대할 수 없다. 이런 종류의 보조금은 유권자의 긴급성을 다시한번 나타내는 수단이기 때문이며, 또 의원들은 동료들의 이러한 요구를 들어줘야만 자신의 선거구에 비슷한 요구가 생겼을 때에도 동의를 쉽게 얻을 수 있기 때문이다.*

---

* 《이코노미스트》는 1895년 4월 6일 선거만을 고려할 때 재정 지출, 특히 철도에 대한 지출이 얼마인지에 관하여 흥미로운 기사를 게재했다. 산에 있고 3,000명의 주민이 사는 마을인 라냐에를 쿼와 연결하기 위해 1,500만 프랑이 소요되는 철도를 건설하자는 안건이 투표에 부쳐졌다. 주민 3,500명의 보몽을 카스텔사라쟁과 연결하기 위해 700만 프랑, 주민 523명의 우스를 주민 1,200명의 세익스에 연결하기 위해 700만 프랑, 프라드를 주민 747명의 작은 올레트 마을과 연결하기 위해 600만 프랑 등이 지출될 예정이었다. 1895년 한 해에만 9천만 프랑이라는 큰돈이 지역 철도에 쓰이게 된 것이다. 선거를 위한 지출도 똑같이 많았다. 재무부 장관에 따르면 노동자 연금을 제정하는 법안은 연간 최소 1억 6,500만 프랑이 필요하다고 예상됐고, 학술원 회원 볼

위에서 언급한 위험 중 두 번째 위험, 즉 의회가 가결하는 자유의 강제적 제한은 분명히 눈에는 덜 띄지만 그럼에도 매우 현실적인 위협이다. 이는 의회가 자유에 대한 제한적 조치를 수반하는 무수히 많은 법안을 그 의무에 따라 스스로 가결해 생긴 결과이며, 의원들이 근시안적 사고로 인해 그 결과를 예측하지 못한 데에서 오는 행위이다.

이 위험은 실제로 가장 피할 수 없는 것임이 틀림없다. 영국은 의원이 유권자로부터 확실히 독립된 가장 인기 있는 의회 체제 유형을 보이는 나라이지만, 그럼에도 이 위험에서 벗어날 수 없었다. 허버트 스펜서는 이미 오래전에 발표한 자신의 책에서 눈에 보이는 자유의 증가 뒤에는 반드시 실질적인 자유의 감소가 뒤따른다고 했다. 그의 최근 저서인 《개인 대 국가》에서 같은 주제에 관해 이야기하며 그는 영국 의회와 관련하여 다음과 같이 표현한다.

이 시기 이후의 법안은 내가 지적한 과정을 따랐다. 빠르게 증가하는 독재적 조치는 지속적으로 개인의 자유를 제한하는 경향이 있으며, 이는 두 가지 방식으로 나타난다. 매년 더 많은 수의 규제가 제정

리외에 따르면 8억 프랑이 필요했다. 이런 종류의 지출이 계속 증가하면 나라가 파산할 것은 분명했다. 포르투갈, 그리스, 스페인, 터키 등 여러 유럽 국가가 이 단계에 이르렀고, 이탈리아와 같은 다른 국가들도 곧 같은 극단으로 치닫게 될 것이다. 그러나 여전히 이 상태에 대해서 너무 경각심을 가질 필요는 없다. 이 나라의 국민들은 국채 배당금의 5분의 4를 삭감하는 것에 계속 동의했기 때문이다. 이러한 기발한 조건 아래의 재정 파탄은 균형을 맞춰 편성하기 어려운 예산에 즉각적인 균형의 회복을 가져다준다. 게다가 우리가 겪고 있는 보편적 붕괴의 시기에 전쟁, 사회주의, 경제적 갈등은 또 다른 재앙을 예고하고 있으니, 우리가 어쩔 수 없는 미래에 대해 너무 걱정하지 말고 하루하루 근근이 살아가는 것에 만족해야 할 필요가 있다.

되어 이전에는 완전히 자유롭게 행동할 수 있었던 사안에 대해 국민에게 제약을 가하고, 이전에는 마음대로 하거나 하지 않을 수 있었던 행위를 강제로 수행하도록 강요했다. 동시에 점점 더 무거워지는 공적 부담, 특히 지방정부의 부담은 국민에게서 거둔 세금으로 해결하기에, 국민이 스스로 선택할 수 있는 가처분소득은 줄어들고 국가기관이 마음대로 처분 가능한 금액이 커져 국민의 자유가 더욱 제한된다.

이러한 점진적인 자유의 제한을 허버트 스펜서가 정확히 지적하지는 않았다. 하지만 이런 자유의 제한은 모든 국가에서 특별한 형태로 나타났다. 무수히 많은 제한 입법 조치들이 통과되면 그 적용을 담당하는 관료들의 수와 권한, 영향력이 필연적으로 증가한다는 것이다. 이런 식으로 공무원들은 진정 문명국가의 주인이 되는 경향이 있다. 끊임없는 권한 이양 속에서도 행정 계급만이 이러한 변화에 영향받지 않기 때문이다. 거기다 그들의 권력은 그들이 면책, 직무적 태도, 영속성을 지니고 있다는 사실 때문에 더욱 커진다. 이 세 가지 형태로 나타나는 전제주의보다 더 억압적인 것은 없을 것이다.

제한적인 법과 규제가 끊임없이 만들어지고 있다. 가장 사소한 행동까지 가장 복잡한 절차로 둘러싼 결과 국민이 자유롭게 움직일 수 있는 영역은 점점 더 좁아질 수밖에 없는 것이다. 법이 많아질수록 평등과 자유가 더 잘 보장된다는 착각의 희생양인 국민은 매일매일 점점 더 부담스러운 규제를 감내하는 데 동의한다. 그들은 이런 법안들을 면책특권으로 받아들이지 않는다. 모든 속박을 참는 데 익숙해진 그들은 스스로 노예가 되고 싶어 하며 곧 모든 자발성과 에너지를 잃는다. 그런 다음 그들은 헛된 그림자, 수동적이고 저항하지 않는 무력한 자동인형에 지나지 않게 된다.

이 지점에 도달한 개인은 더 이상 자신 안에서 찾을 수 없는 힘을 외부에서 찾을 수밖에 없다. 국민의 무관심과 무력감이 커질수록 정부의 기능도 그에 비례하여 커질 수밖에 없다. 다름 아닌 정부가 개인들에게는 부족한 주도권, 진취성 및 지도자적 정신을 반드시 보여주어야 한다. 정부에게 주어진 임무는 필요한 모든 것에 착수하고, 모든 것을 지시하고, 모든 것을 취하는 것이다. 정부의 보호 아래 국가는 전능한 신이 된다. 경험에 따르면 신과 같다고 여겨지는 국가의 힘은 표면적으로는 국민에게 이러한 자유를 여전히 소유하고 있다는 착각을 불러일으키게 된다. 하지만 어떤 민족의 경우 모든 자유에 대한 이러한 점진적인 제한은 그 자유가 너무 오래되어서, 혹은 특정 체제 때문이라는 필요 때문에 일어나는 일이다. 이는 지금까지 어떤 문명도 벗어나지 못한 퇴폐적 단계의 전조 증상 중 하나에 해당한다.

과거의 교훈과 사방에서 나타나는 증상으로 판단할 때 현대 문명 중 일부는 퇴폐의 전 단계인 극단적인 노화 단계에 도달했다. 역사는 종종 같은 것을 반복하기 때문에 모든 민족이 동일한 문명 쇠퇴의 단계를 거쳐야 하는 것은 불가피한 것처럼 보인다.

문명의 공통된 진화 단계를 요약하기는 쉬운 일이므로 이것으로 이 글을 마무리하겠다. 이 간략한 스케치는 아마도 현재 군중이 휘두르는 권력의 원인을 해명하는 데 약간의 빛을 던져 줄 것이다. 이 권력의 원인은 결코 지속적이거나 튼튼하지도, 강하지도 않음을 명심하라.

우리 문명보다 앞선 위대한 문명의 기원과 몰락에 대해 살펴보면 우리는 무엇을 볼 수 있을까?

문명이 시작될 무렵, 다양한 출신을 가진 많은 사람이 이주와 침략, 정복의 기회로 한데 모였다. 피도 다르고, 언어와 신념도 다르지만, 이 사람들 사이의 공통된 결속력을 제공하는 것은, 절반이라도 인정받은 우두머리의 법칙이 유일했다. 군중의 심리적 특성은 이 혼란스러운 복합체에서 두드러지게 나타난다. 군중은 일시적인 응집력, 영웅심, 약점, 충동성, 폭력성을 지니고 있다. 군중과 관련해 무엇도 안정된 것은 없다. 그들은 야만인이다.

시간은 지나면서 제 할 일을 한다. 같은 환경에서 인종은 반복해서 교잡하고 또 공통된 생활이 필요하므로 결국 시간의 영향이 크다고 할 수 있다. 이질적인 단위의 집합이 전체로 섞이기 시작하면 하나의 인종을 형성하게 된다. 즉 공통된 특성과 정서를 가진 집합체를 형성하는 것이다. 이렇게 군중은 민족이 되고, 이 민족은 야만적인 상태에서 벗어날 수 있다. 그러나 오랜 노력과 필연적으로 반복되는 투쟁, 그리고 다시 시작하는 과정을 무수히 거쳐 자신들의 이상을 획득했을 때에만 완전히 야만 상태를 벗어날 수 있다. 획득한 이상이 로마의 숭배이건, 아테네의 힘이건, 혹은 알라의 승리이건 간에 그 이상은 형성되는 인종의 모든 개인에게 정서와 사상의 완벽한 통일성을 충분히 부여할 것이다.

이 단계에서 제도와 신념, 예술을 지닌 새로운 문명이 탄생할 수 있다. 종족은 자신들의 이상을 추구하여 그 이상에 화려함, 활기, 웅장함을 부여하는 데 필요한 자질을 차례로 습득할 것이다. 종족은 여전히 군중일 것이지만, 해당 단계 이후에는 군중의 유동적이고 변화무쌍한 특성 아래에서 그들 인종의 성질이라는 견고한 기층이 발견될 것이다. 인종의 성질은 국가의 변형을 제한하고 우연을 허락하지 않는다.

이와 같은 창조적 작용을 발휘한 후에 시간은 신도 인간도 피할 수 없는 파괴 작업을 시작한다. 문명은 일정 수준의 힘과 복잡성에 도달하면 성장을 멈춘다. 성장을 멈추면 문명은 급속히 퇴락한다. 노쇠의 시대가 도래하는 것이다.

이 피할 수 없는 시간은 항상 인종의 중심이던 이상의 약화로 표시된다. 이상이 흐릿해지면 이와 비례하여 종교적, 정치적, 사회적 구조가 흔들리기 시작한다.

그 이상이 점점 소실되면서 인종은 그들에게 힘을 부여했던 응집력, 단결력 같은 자질을 점점 더 많이 잃게 된다. 인종을 구성하는 개인의 인성과 지능은 높아질 수 있지만, 동시에 인종의 집단적 이기주의가 과도하게 발달한 개인 이기주의로 대체되면서 인종의 특성과 행동 능력은 약화하게 된다. 한때 민족, 통일체, 전체를 구성했던 그들은 결국 응집력이 결여된 개인들의 복합체로 전락한다. 이는 한동안 전통과 제도에 의해 인위적으로 유지될 뿐이다. 이 단계에서 인간은 이해관계와 욕망으로 분열되어 더 이상 자신을 통제할 수 없고, 누군가가 그들의 가장 사소한 행동까지도 지시해 주길 바라게 된다. 그래서 국가는 영향력을 매우 쉽게 행사할 수 있게 된다.

작가 연보

1841년 5월 7일, 프랑스 북부의 노장르로트루에서 태어나다.
1860년 파리 의과대학에 입학하다.
1866년 의학박사 학위를 받다.
1870년 7월, 보불전쟁(프로이센·프랑스 전쟁)이 발발하자 군의관으로 참전
       하다.
1871년 파리코뮌을 목격하고, 사상적으로 큰 영향을 받다.
1881년 첫 번째 인류학 연구서《인간과 사회》를 출간하다.
1884년 프랑스 정부의 지원을 받아 아시아를 여행하고, 보고서를 제출
       하다.
       《아랍 문명》을 출간하여, 아랍인과 이슬람교에 대해 새로운 평가
       를 내리다.
1886년 프랑스인 최초로 네팔을 여행하고, 이를 바탕으로《네팔 여행기》
       를 출간하다.
1887년 《인도 문명》을 출간하여, 인도의 건축과 예술, 종교에 대해 논
       하다.
1888년 프랑스 정부로부터 2등급 레지옹도뇌르 훈장을 받다.
1894년 첫 번째 사회심리학 연구서《민족 진화의 심리 법칙》을 출간하다.

1895년 《군중심리》를 출간하다.

1896년 《사회주의 심리》를 출간하다.

1902년 《교육 심리》를 출간하다.

1903년 1890년대 초반부터 집에 실험실을 마련해 비가시광선(엑스선)을
연구하다.

노벨 물리학상 후보로 지명되다.

1905년 《물질의 진화》를 출간하여, 질량과 에너지의 등가성을 예측하다.

1907년 《힘의 진화》를 출간하여, 원자 시대를 예언하다.

1912년 《프랑스혁명과 혁명 심리》를 출간하다.

1915년 《유럽 전쟁에 대한 심리학적 연구》를 출간하다.

1916년 《전쟁의 일차적인 영향: 민족들의 정신 구조가 달라지다》를 출간
하다.

1918년 《어제와 내일, 짧은 생각》을 출간하다.

1923년 《세계의 불균형》을 출간하다.

1924년 《현시대의 불확실성》을 출간하다.

1929년 프랑스 정부로부터 1등급 레지옹도뇌르 훈장을 받다.

1931년 마지막 책 《역사철학의 과학적 토대》를 출간하다.

12월 13일, 90세의 나이로 마른라코케트 자택에서 세상을 떠
나다.

군중심리

초판 1쇄 인쇄 2024년 2월 22일
초판 1쇄 발행 2024년 2월 29일

지은이 귀스타브 르 봉
옮긴이 최유경
펴낸이 이효원
편집인 노현주
마케팅 추미경
디자인 문인순(표지), 이수정(본문)
펴낸곳 올리버
출판등록 제395-2022-000125호
주소 경기도 고양시 덕양구 삼송로 222, 101동 305호(삼송동, 현대헤리엇)
전화 070-8279-7311   **팩스** 02-6008-0834
전자우편 tcbook@naver.com

ISBN 979-11-93130-45-2 03300